中國學術思想 研究輯刊

十三編

林慶彰 主編

第13冊

王充命運論研究

葉淑茵 著

花木蘭文化出版社

國家圖書館出版品預行編目資料

王充命運論研究／葉淑茵 著 —— 初版 —— 新北市：花木蘭文化
出版社，2012〔民 101〕
目 2+164 面：19×26 公分
（中國學術思想研究輯刊 十三編：第 13 冊）
ISBN：978-986-254-797-7（精裝）
1.（漢）王充　2.學術思想　3.命運
030.8　　　　　　　　　　　　　　　　　　101002164

中國學術思想研究輯刊
十三編　第十三冊　　　　　　　ISBN：978-986-254-797-7

王充命運論研究

作　　者　葉淑茵
主　　編　林慶彰
總 編 輯　杜潔祥
出　　版　花木蘭文化出版社
發 行 所　花木蘭文化出版社
發 行 人　高小娟
聯絡地址　新北市永和區中正路五九五號七樓
　　　　　電話：02-2923-1455／傳真：02-2923-1452
網　　址　http://www.huamulan.tw 信箱 sut81518@gmail.com
印　　刷　普羅文化出版廣告事業
封面設計　劉開工作室
初　　版　2012 年 3 月
定　　價　十三編 26 冊（精裝）新台幣 42,000 元

王充命運論研究

葉淑茵　著

作者簡介

葉淑茵，台北市人。中國文化大學哲學碩士、英國亞伯丁大學（University of Aberdeen）哲學碩士、中國文化大學哲學博士。現為國立臺南護理專科學校、私立高苑科技大學兼任助理教授。著有〈王充與老子論「自然」之比較〉、〈王充「自生」概念對裴頠與郭象「自生」概念影響之探究〉、〈葛洪對王充形神思想反省與發展之研究〉、〈葛洪論神仙與聖人之研究〉、〈葛洪的神仙思想其名教與自然的調和〉、〈有君與無君的世紀大論辯──葛洪與鮑敬言的辯論〉等單篇論文。

提　要

　　先哲前賢對「命運」的問題有所感受，且訴諸於筆墨者不勝枚舉。相較於中國其他哲學家，對自己受命運作弄談論最多的首推王充。他以自身不順遂的遭遇為出發點，以大量的篇幅感嘆命運對人的限制。由於王充對命運與人生的關係所提出的解說是先秦至東漢所未有的，但後人對其言命的目的、立場、意義、方法及定位皆不甚清晰和偏頗，故其命運論的特色更難以彰顯。本論文即逐一深入探究，並詳加評析和檢討，以期能還王充命運論原來的面貌。此外，對於中國的命運論發展，鮮少有人作出全面的整理，因此作者亦透過王充命運論的研究，整理先秦至東漢、魏晉南北朝及宋朝少數學者對命運的看法及言命的模式，以供喜研命運者參考。

目

次

第一章　前　言

　　在莎士比亞的著名戲劇《羅密歐與茱麗葉》中，羅密歐爲求自衛，殺了世仇凱普雷特（Capulet）族人提伯爾特（Tybalt），因而成爲亡命之徒。此時，他就深覺自己是命運的傀儡，而說自己是「受命運愚弄的人」（fortune's fool）〔註1〕。人的一生中，難免會遇到自己所無法掌控的情況，總會思索這些無法掌控的事件成因，進而思索「命運」、人生是否受限制等相關問題。而一般大眾，在不順遂、而又百思不得其解時，不都以爲自己受到命運的愚弄，而有相似的感嘆？

　　在傳統中國哲學中，先哲前賢對「命運」的問題有所感受，且訴諸於筆墨者，實在不勝枚舉。如孔子說「知天命」、孟子說「立命」、莊子說「安命」、荀子說「制命」。他們在闡述命運的同時，卻也肯定人的力量能突破命的困境，換言之，在命運的束縛下，人也有自我發展的空間。

　　相較於中國其他哲學家，對自己受命運作弄談論最多的首推王充〔註2〕。他以自身不順遂的遭遇爲出發點，以大量的篇幅感嘆「凡人遇偶及遭累害，皆由命也。有死生壽夭之命，亦有貴賤貧富之命。自王公逮庶人，聖賢及下愚，凡有首目之類、含血之屬，莫不有命。」〔註3〕在「莫不有命」（〈命

〔註1〕 參見朱生豪譯，《羅密歐與茱麗葉》（臺北市：世界書局，1997年10月初版五刷），頁114。

〔註2〕 張永儁主講，謝仁眞整理，〈命理與義理〉，收錄於《哲學雜誌》（臺北市：哲學雜誌編委會，1993年1月），第三期，頁12。

〔註3〕 王充著，蔡鎮楚注譯，《新譯論衡讀本》，共二冊（臺北市：三民書局股份有限公司，1997年10月初版），冊上，〈命祿〉，頁31。本論文所引用《論衡》的文字，皆根據此版本，只註明篇名，不另加註。

祿〉）的前提下，王充又一再強調「命不可勉」（同上），因此其命運論往往被定位爲「命定論」，甚至被斷定爲「徹底的命定論」〔註4〕。又由於他在《論衡》中處處顯露自己對不順遂的遭遇無法釋懷，而在試圖找出原委時，他卻把自身的際遇完全推給命，因此有不少學者認爲他的命運論只是替自身的遭遇自圓其說及辯解〔註5〕。如此一來，王充的命運論自然難以獲得正面的評價。

　　不可置否，王充是利用著述來反映及抒發自己的不幸遭遇，然而他對生命卻也有「惟人性命，長短有期，人亦蟲物，生死一時」（〈自紀〉）的體認，因此對自己有「體列於一世，名傳於千載」（同上）的深切期許，並希望藉「垂書示後」（同上）達到此目的。如果王充只是消極的談論命運、怨命，一味的以命運爲人生遭遇的主宰者，全面否定人的主觀能動性，試問他如何能「名傳於千載」？

　　因此，本論文以王充命運論爲研究對象的動機與目的有以下三點：

一、王充對命運與人生的關係所提出的解說是先秦至東漢所未有的，但後人對其言命的目的、立場、意義、方法及定位皆不甚清晰和偏頗，故其命運論的特色更難以彰顯。本論文即逐一深入探究，並詳加評析和檢討，以期能還王充命運論原來的面貌。

二、對於中國的命運論發展，鮮少有人作出全面的整理，因此作者透過王充命運論的研究，整理先秦至東漢、魏晉南北朝及宋朝少數學者對命運的看法及言命的模式，以供喜研命運者參考。

三、人在面對困境時，難免思索命運存在與否的問題，也因此期望能透過王充對命運的看法，重新反省命運的實質意義，以了悟命運與人生的關係，而在面對困境時，不再徒然感嘆自己是「受命運愚弄的人」。

〔註4〕 如陳拱、黃國安、黃雲生、陳叔良、陳正雄等學者，在探討王充的命運論時，都將之視爲「命定論」。而陳拱更明白指出王充不只言命，更進一步的發展「徹底的命定論」。參見其所著，《王充思想評論》（臺中市：私立東海大學，1968年6月初版），〈自序〉，頁5。黃國安亦以爲王充的命運論，是徹徹底底的命定論，沒有伸縮改變的可能。參見其所著，《王充思想之形成及其論衡》（臺北市：臺灣商務印書館股份有限公司，1983年11月二版），頁123。

〔註5〕 陳拱即以爲王充因爲過於執著於人生負面無常的結果，以致未能透悟人生之正面，因此造成其「內有所傷、外有所疾」的生命風格。參見其所著，《王充思想評論》，〈自序〉，頁9。言下之意，即是認爲王充並未眞正體會人生眞義，其命運論只在抒發他對人生無常的感受，並替自身的遭遇自圓其說及辯解。

而本論文研究的進路則可分為下列幾點：

一、由於王充談論命運，不僅在於感嘆自身不順遂的遭遇，更要反對當時「行善得福，行惡得禍」、「善有善報，惡有惡報」的命運觀，因此他對命運的看法及談論命運的立場，與其生平及時代背景有密切的關係，是以先從王充之生平及時代背景著手，以了解其命運思想產生的原因。

二、王充的命運論並沒有明顯的淵源，因此透過析論王充以前諸多先哲前賢對命運的探討，一來可了解先秦至西漢命運論的發展，二來藉此可了然他對前人的取捨從違，以掌握其命運論的淵源。

三、王充命運論的根源及其論命運的態度與方法不僅異於以往的學者，並且反映他整個哲學思想的特色，因此亦以專章探討王充命運論的形上根源及論命運的態度與方法，以凸顯王充命運獨樹一幟之處。

四、王充對命運的內容作了詳細的規定，並以「遇」、「遭」、「幸」、「偶」、「時」等概念與命的關係對人生的遭遇作了詳盡的說明。職是之故，對這些概念彼此之間關係的釐清，便是掌握王充命運觀點的關鍵。

五、在「性」與「命」合一的基礎下，王充「命不可勉」的命運觀點出現重大的轉變。所以透過「性」與「命」關係的探討，以對王充命運論的定位有所釐清。

六、最後，作者即以王充命運論的價值、影響及檢討三方面作全盤的評估，進而了解命運對人生的意義與吾人面對困境時所應有的態度。

第二章　王充之生平及時代背景

　　一個哲學家思想的形成，必然受其所學、遭遇、性格及時代背景等等外在因素所影響。徐復觀先生即認爲，王充個人的遭遇對其思想之影響在古今中國思想家中相當少見，而他更進一步指出，王充的遭遇限制了他展望時代的眼界〔註1〕。陳拱先生也主張，王充一生的遭遇對其思想影響甚大，他的重要觀念及思想，都是以自己的眞實感受或體會爲基礎，尤其是他的命運觀，更是如此〔註2〕。由此可知，王充的生平及時代背景是了解其命運論的重要關鍵，以下即分別闡述之。

第一節　生　平

　　王充，字仲任，東漢會稽上虞人（今浙江省上虞縣）。生於東漢光武帝建武三年（西元 27 年），卒於東漢和帝永元年間。他的生平主要記載於其所著的〈自紀〉，及范曄《後漢書・王充傳》中。但范曄將王充與王符、仲長統二人合卷並列，有關王充本人的記載，僅有寥寥的二百多字，而〈自紀〉則文長數千言，對他的生平有較完整的論述。以下即根據〈自紀〉、《後漢書》及相關資料，詳細析論王充的生平，以了解其生平與他的命運論有何關聯。

一、家世背景

　　在〈自紀〉中，王充自述其家世云：

〔註1〕徐復觀著，《增訂兩漢思想史》，共三卷（臺北市：臺灣學生書局，1979 年 9月再版），卷二，頁 563～564。
〔註2〕陳拱著，《王充思想評論》，〈自序〉，頁 4～5。

> 王充者，會稽上虞人也，字仲任。其先本魏郡元城，一姓孫。幾世
> 嘗從軍有功，封會稽陽亭。一歲倉卒國絕，因家焉，以農桑爲業。
> 世祖勇任氣，卒咸不揆於人。歲凶，橫道傷殺，怨讎眾多。會世擾
> 亂，恐爲怨讎所擒，祖父汎舉家擔載，就安會稽，留錢唐縣，以賈
> 販爲事。生子二人，長曰蒙，少曰誦，誦即充父。祖世任氣，至蒙、
> 誦滋甚，故蒙、誦在錢唐，勇勢凌人。末復與豪家丁伯等結怨，舉
> 家徙處上虞。

王充的祖先原是魏郡元城人，幾代因有戰功，被封於會稽陽亭。一年後，因
王莽篡漢而失去了原有的土地及爵位，於是居於陽亭，改以農桑爲業。此時，
正值凶年，生活艱困，但王充的祖先卻因承襲軍人的性格而橫行霸道、好勇
鬥狠，以致結怨過多，不容於鄉里。因此其祖父王汎被迫舉家遷至會稽錢塘
（今浙江杭縣），改以經商販賣爲業。到了王充伯父及父親那一代，不但不改
祖先意氣用事及任性的個性，反而變本加厲地到處惹是生非，最後又與豪家
丁伯等結怨，不得不再次舉家遷移至上虞。王充便在此地出生。

　　仲任祖先原受封官爵，但卻失官，進而務農，而後經商。家道每下愈況，
自然無法與大族豪門相較。不被鄉里所容，造成不斷的遷徙，自然沒有族黨
可資憑藉。難怪他會自認爲是出生低微的「細族孤門」（〈自紀〉）。

　　祖先的叛逆性格及細族孤門的家世背景，對王充的性格和仕途的進陞都
造成巨大的影響。畢竟，在講求世襲門第的封建社會裏，像他這樣的家世背
景而想進身仕途是不太可能的。仲任本身受父祖性格影響所養成的自負、剛
毅性格，也使他不易獲得進陞的機會。在家世及本身性格的雙重影響下，仕
途自然不順遂；仕途的不順遂更直接影響王充對命運的看法。

二、性　格

　　王充被視爲中國思想界的「異人」，其特殊、異於同儕的性格，在幼年時
期便凸顯出。〈自紀〉云：

> 爲小兒，與儕輩遨戲，不好狎侮。儕倫好掩雀、捕蟬、戲錢、林熙，
> 充獨不肯。……六歲教書，恭願仁順，禮敬具備，矜莊寂寥，有巨
> 人之志。父未嘗笞，母未嘗非，閭里未嘗讓。

仲任年幼時，恭敬有禮、沉默寡言，並深受父母、鄉里的稱讚。但他孤傲自
矜，不願與同輩伙伴一同遊戲。

及其年長，他清高莊重，對交友特別謹慎，不與庸俗低劣的人打交道，也不與志趣不投的人交談。〈自紀〉云：

> 才高而不尚苟作，口辯而不好對談，非其人，終日不言。

> 充爲人清重，游必擇友，不好苟交。所友位雖微卑，年雖幼稚，行苟離俗，必與之友。好傑友雅徒，不泛結俗材。

當遭受批評時，仲任總是無情的加以反擊，從不輕易讓步。當別人嘲笑他的文章過於通俗時，他以「以聖典而示小雅，以雅言而說丘野」、「閭巷之樂，不用《韶》、《武》」、「牛刀割雞，舒戟采葵」（〈自紀〉）等話反唇相稽。當別人嘲諷他的文章過於詭異時，他也以「堯、舜之典，伍伯不肯觀；孔、墨之籍，季、孟不肯讀」（同上）來辯駁。可見王充是個不服輸，且能言善辯的人。

在朝爲官時，王充仍不改自負傲慢的性格。他「眾會乎坐，不問不言；賜見君將，不及不對」（同上），更自喻爲美玉、明珠，認爲「垂棘與瓦同櫝，明月與礫同囊」（同上），而以「處卑與尊齊操，位賤與貴比德」（同上）自許。如此的個性與爲官態度，仕途自然無法一帆風順。

面對不順利的仕途，仲任試圖表現出不爲名利富貴所牽絆的君子風度。他說：

> 不好徼名於世，不爲利害見將。……好自周，不肯自彰，勉以行操爲基，恥以材能爲名。……在鄉里慕蘧伯玉之節，在朝廷貪史子魚之行。見汙傷不肯自明，位不進亦不懷恨。貧無一畝庇身，志佚於王公；賤無斗石之秩，意若食萬鍾。得官不欣，失位不恨。處逸樂而欲不放，居貧苦而志不倦。（同上）

但他自負、不服輸的個性，卻讓他無法完全超脫於名利之外。在二次仕途受阻後，他利用著述來反映自己的不幸遭遇，更冀望藉由著作來「名傳於千載」（同上）。王充的命運論就在他想要跳脫功名，卻又無法跳脫的矛盾中蘊釀而出。〔註3〕

總之，不管是在交友、對人、對事及寫作等方面，在在都顯出王充自負、剛毅、不認輸的性格。這種性格影響他的現實生活及面對自身遭遇的態度。因此，在仕途受阻，遭受冷落後，便把遭遇完全歸咎於命運，並將本

〔註3〕康保延著，《王充天人思想研究》（出版地不詳：祥生出版社，1979年初版），頁10。

身對命運的不滿訴諸筆墨，加以抒發，形成了中國哲學史上獨樹一幟的命運觀。

三、求學過程

有關王充的求學過程，〈自紀〉中有頗明晰的記載：

> 爲小兒，與儕輩遨戲，不好狎侮。儕倫好掩雀、捕蟬、戲錢、林熙，充獨不肯，誦奇之。六歲教書，恭愿仁順，禮敬具備，矜莊寂寥，有巨人之志。父未嘗笞，母未嘗非，閭里未嘗讓。八歲出於書館，書館小僮百人以上，皆以過失袒謫，或以書醜得鞭。充書日進，又無過失。手書既成，辭師，受《論語》、《尚書》，日諷千字。經明德就，謝師而專門，援筆而眾奇。所讀文書，亦日博多。

仲任自幼聰慧，表現異於同儕，在學業方面出類拔萃，而言行也沒有任何的過失，可謂品學兼優。在離開故鄉的私塾後，他遠赴洛陽，求學於當時著名的史學及今文經學家班彪。當時仲任因家境貧困，沒有經濟能力買書，但仍不放棄求知的熱忱，經常到書店閱讀。由於他有過人的記憶力，過目即能記誦，因此在幾年間便博通諸子百家之言，奠定了深厚且廣博的學問基礎。〔註4〕

雖然仲任曾求學於班彪，卻「不守章句」（《後漢書‧王充傳》），不受當時學術風氣所影響。在「經明德就」（〈自紀〉）後，便辭謝了班彪，以自身廣博的學問爲基礎，獨立從事專門的學術研究。在他的命運論中，屢見仲任旁徵博引，以歷史、古聖先賢的言行證明自己的理論，這種「持之有故，言之成理」的爲學態度，實深受其師的影響。而仲任對國家命運的看法，也秉承班彪的觀點。〔註5〕

〔註4〕楊家駱主編，范曄撰，《後漢書》，共六冊，冊三，卷四十九，〈王充王符仲長統列傳第三十九〉，頁1629云：「後到京師，受業太學，師事扶風班彪。好博覽而不守章句。家貧無書，常游洛陽市肆，閱所賣書，一見輒能誦憶，遂博通眾流百家之言。」（臺北市：鼎文書局，1974年10月初版）本論文所引用《後漢書》的文字，皆根據此版本，只註明書名及篇名，不另加註。此外，對於王充是否曾師事班彪的問題，可參見徐復觀著，《增訂兩漢思想史》，卷二，頁566～569。

〔註5〕侯外廬主編，《中國思想通史》，共五卷，卷二，頁264云：「王充之師事班彪，不但見於記載，爲歷代學人所共信，即就思想上來看，王充也多少保留著班彪的影響。此可以由〈治期篇〉與〈王命論〉的比較而證明。」（北京：人民出版社，1957年4月一版）

四、仕宦經歷

　　王充由洛陽回鄉後，先以教學維生，後來才走向仕途〔註6〕。他的仕途並不得意，一生只出仕二次，官職也只有掾功曹及從事二類官職皆不高的職位。〈自紀〉云：

> 在縣位至掾功曹，在都尉府位亦掾功曹，在太守爲列掾五官功曹行事，入州爲從事。

這是王充的第一次出仕。由於王充本身「不好徼名於世，不爲利害見將」（〈自紀〉）的處世態度，且多次與郡守諫爭，最後終於因意見與郡守相左而去職。〔註7〕

　　在第一次仕途失意後，王充便「閉門潛思，絕慶弔之禮，戶牖牆壁各置刀筆」（《後漢書·王充傳》），專心著述。《論衡》一書便是在此時完成。到了東漢章帝元和三年，王充再次入仕。〈自紀〉云：

> 充以元和三年徙家辟詣楊州部丹陽、九江、盧江，後入爲治中。材小任大，職在刺割，筆札之思，歷年寢廢。章和二年，罷州家居。

此時王充的官職爲治中，也就是治中從事史，主要的職責在於爲民伸冤、檢舉與彈劾官吏。對於一個自視甚高的人來說，自然會認爲這樣的工作是「材小任大」，不適合自己。他自負、不苟俗的個性，使他在任內經常得罪他人，受人排擠，無法得到任何進陞的機會。因此，在章和二年，便憤而辭官。

　　之後，雖然受到謝夷吾的推薦而被肅宗徵召，卻以老病爲由，加以拒絕〔註8〕。此時王充已年近七十。

　　在中國傳統社會中，書生苦讀一輩子，無非想謀得一官半職。聰慧、博學、清高的王充卻「仕數不耦」（同上），在官場上無法一展長才。這樣的遭遇，可說是他一生中最大的挫折及打擊，更導致其後半生在沒有朋友、沒有子女依靠照顧的情況下窮苦潦倒的渡過。而自負、剛毅的性格，讓他認爲仕途的不順利，並不是自身的才能及品德不及他人，而是由於外在的客觀因素所致，因此，眼見別人飛黃騰達時，他便自怨自艾，將人的富貴榮華歸咎於難以掌握的「命運」。〈自紀〉即云：

〔註6〕《後漢書·王充傳》云：「後歸鄉里，屏居教授。」
〔註7〕同上云：「仕郡爲功曹，以數諫爭不合去。」
〔註8〕《後漢書·王充傳》云：「友人同郡謝夷吾上書薦充才學，肅宗特詔公車徵，病不行。」對於徐復觀先生對此點的駁斥，可參閱其所著，《增訂兩漢思想史》，卷二，頁 569～574。

孔子稱命，孟子言天，吉凶安危，不在於人。昔人見之，故歸之於
命，委之於時，浩然恬忽，無所怨尤。福至不謂己所得，禍到不謂
己所為。故時進意不為豐，時退志不為虧。不嫌虧以求盈，不違險
以趨平；不鬻智以干祿，不辭爵以弔名；不貪進以自明，不惡退以
怨人。同安危而齊死生，鈞吉凶而一敗成，遭十羊勝，謂之無傷。
動歸於天，故不自明。

因此，王充在論析有關命的問題時，自然帶有極濃厚的消極悲觀色彩。

五、著　作

依據王充《論衡》〈對作〉及〈自紀〉二篇的記載，其一生的著作共有：
《譏俗節義》、《政務》、〈備乏〉、〈禁酒〉、《論衡》及《養性》。

（一）《譏俗節義》

共十二篇。〈自紀〉云：

俗性貪進忽退，收成棄敗。充升擢在位之時，眾人蟻附；廢退窮居，
舊故叛去。志俗人之寡恩，故閒居作《譏俗節義》十二篇。冀俗人
觀書而自覺，故直露其文，集以俗言。

此書是在王充第一次結束仕宦生涯後，有感於世態炎涼而作。其目的在於
揭露當時攀炎附勢、忘恩負義的社會風氣。期望透過通俗的語言，讓世人
覺醒。

（二）《政務》

在《譏俗節義》之後，王充又撰寫了《政務》一書。〈自紀〉云：

充既疾俗情，作《譏俗》之書；又閔人君之政，徒欲治人，不得其
宜，不曉其務，愁精苦思，不睹所趨，故作《政務》之書。

此書針對政事，向官吏倡言治民之道，提出意見，期「為郡國守相、縣邑令
長陳通政事所當尚務，欲令全民立化，奉稱國恩」。（〈對作〉）

（三）〈備乏〉、〈禁酒〉

此兩篇本為王充呈遞給上級的奏章。在奏章不被上級所接受而退回後，
將草稿加上標題，成為〈備乏〉及〈禁酒〉二篇。〈對作〉云：

建初孟年，中州頗歉，穎川、汝南民流四散。聖主憂懷，詔書數至。
《論衡》之人，奏記郡守，宜禁奢侈，以備困乏。言不納用，退題

記草，名曰〈備乏〉。酒糜五穀，生起盜賊，沉湎飲酒，盜賊不絕，
奏記郡守，禁民酒。退題記草，名曰〈禁酒〉。

當時糧食缺乏，人民不得溫飽，但官吏卻仍自顧享受，奢侈浪費，因此，王
充提出應嚴格禁止官員生活奢侈及百姓飲酒的建議，藉此防範經濟的貧困及
盜賊的出現。

　　蔣祖怡先生認為，以內容上來看，〈備乏〉及〈禁酒〉二篇皆是向上級提
出具體治民之道的文章，其主旨與《政務》相同，所以此二篇應是《政務》
的一部分。〔註9〕

（四）《論衡》

　　《論衡》共八十五篇〔註10〕，但〈招致〉只有標題，沒有文字。因此現
今所保留的只有八十四篇。著書的動機在〈自紀〉及〈對作〉二篇中都曾提
及。〈自紀〉云：

　　　又傷偽書俗文多不實誠，故為《論衡》之書。

〈對作〉云：

　　　是故《論衡》之造也，起眾書並失實，虛妄之言勝真美也。故虛妄
　　　之語不黜，則華文不見息；華文放流，則實事不見用。故《論衡》
　　　者，所以詮輕重之言，立真偽之平，非苟調文飾辭，為奇偉之觀也。
　　　其本皆起人間有非，故盡思極心，以譏世俗。

《論衡》的主要目的除了在「疾虛妄」〔註11〕，對世俗不實言論加以批判外，
更是自身對種種不得意際遇的抒發。

（五）《養性》

　　共十六篇。於章和二年，結束第二次仕宦生涯後所作。〈自紀〉云：

〔註9〕　蔣祖怡撰，〈論王充的《政務》之書〉，收錄於蔣祖怡編，《王充卷》（河南省：
　　　　新奉書店，1983年10月一版），頁116～118中。

〔註10〕　王充在〈佚文〉中說：「《論衡》篇以十數。」但在〈自紀〉中又說：「世無一
　　　　卷，吾有百篇。」「按古太公望，近董仲舒，傳作書篇百有餘，吾書亦繾出百，
　　　　而云泰多。」因此，對於《論衡》的篇數，是八十五篇，或是百篇，歷來爭
　　　　議甚多。近代學者如劉盼遂、黃暉、朱謙之等都認為《論衡》有百餘篇。但
　　　　在范曄的《後漢書》或是葛洪的《抱朴子》等史料中，都明白記載《論衡》
　　　　有八十多篇，而《後漢書・王充傳》亦言：「著《論衡》八十五篇，二十餘萬
　　　　言。」所以作者據此推斷《論衡》共有八十五篇。

〔註11〕　〈佚文〉云：「『《詩》三百，一言以蔽之曰：思無邪。』《論衡》篇以十數，
　　　　亦一言也，曰『疾虛妄。』」

年漸七十，時可懸輿。仕路隔絕，志窮無如。事有否然，身有利害。髮白齒落，日月逾邁，儔倫彌索，鮮所恃賴。貧無供養，志不娛快。歷數冉冉，庚辛域際，雖懼終徂，愚猶沛沛，乃作《養性》之書，凡十六篇。養氣自守，適食則酒，閉目塞聰，愛精自保，適輔服藥引導，庶冀性命可延，斯須不老。

此時，王充年近七十，他著書的主要目的在於修身養性，延年益壽。此書可說是仲任晚年自我檢討的作品。

上述的五種著述，除《論衡》仍保存外，其餘皆已亡佚。雖然如此，我們仍能由《論衡》窺探出王充命運思想的全貌。

第二節　時代背景

王充的命運思想除了深受不順遂的遭遇影響外，同時爲其所面對的時代及問題所左右。畢竟，王充著述《論衡》的主要目的，不僅在於感嘆自身命運的坎坷，也在於「疾虛妄」，即對其時代的種種問題提出質疑與批評〔註12〕。而藉由「疾虛妄」，王充建立了自己的哲學體系，更建構出其命運論的基礎論點〔註13〕。胡適先生更明白的指出：「不懂得這個時代荒謬迷忌的情形，便不能懂得王充的哲學。」〔註14〕因此，了解仲任所處的時代背景及所面對的時代問題，實可幫助吾人掌握其命運思想。

一、封建制度的昌盛

漢初，高祖基於政治的考量，分封同族、功臣，大行封建制度，以鞏固其政治勢力。當時的讀書人，雖仍能透過「選舉」成爲官吏，但由於選舉制度的逐漸敗壞，終於造成豪門請託推薦，或因故舊報恩，二家弟子相互推舉

〔註12〕永瑢等編，《欽定四庫全書總目》，共十六冊，冊八，子部雜家類，頁2395云：「充書大旨，詳見於〈自紀〉一篇。蓋內傷時命之坎坷，外疾世俗之虛僞。」（臺北市：藝文印書館，出版日期不詳）

〔註13〕鍾肇鵬、周桂鈿著，《桓譚王充評傳》，頁174云：「王充在『疾虛妄』中，建立了自己的哲學體系。例如，王充在批判天人感應說時，立了天道自然論的自然觀；在破除世俗迷信中，形成了氣論思想體系。」（南京：南京大學出版社，1993年11月一版）王充是藉由批評當時流行的命運觀，而提出對命運的看法，所以筆者認爲，藉由「疾虛妄」，他建構出命運論的基本論點。

〔註14〕胡適撰，〈王充的論衡〉，收錄於黃暉撰，《論衡校釋》，共四冊（北京：中華書局，1996年11月一版三刷），冊四，頁1270中。

的歪風。當時的民謠便說：「舉秀才，不知書；舉孝廉，父別居；寒素清白濁如泥，高第良將怯如雞。」〔註 15〕清楚的描述出選舉制度的不實情形。由於選舉制度的敗壞，世族豪門掌握政治的陋習日趨嚴重。

　　新莽時期，王莽雖然曾致力打擊西漢以來的富商大賈、地主士豪、世族之家，但還是徒勞無功。到了東漢，由於光武帝的政權多藉由大地主及富豪商人而建立，使得這些貴族再度崛起，確立了世族豪門所掌控的政權體制。〔註 16〕

　　在封建的社會中，平民百姓的順遂與否取決於階級的高低〔註 17〕。階級的高低，卻又取決於官場的表現。並非出於名門望族，又沒有任何經濟能力的王充，想要靠一己之力立足官場，當然困難重重。自身官場的失意，又面對世族豪門掌權的不公平現象，自然會有「處尊居顯，未必賢」、「位卑在下，未必愚」（〈逢遇〉）、「才高行厚，未可保其必富貴；智寡德薄，未可信其必貧賤」、「懷銀紆紫，未必稷、契之才；積金累玉，未必陶朱之智」（〈命祿〉）的感嘆。

　　對於社會這些陋習及歪風，王充雖感憤怒，卻又無能為力。因此，他認為自己的遭遇，或是社會種種不公的現象，都受制於命運，人只不過是命運的傀儡而已。

二、元氣說的流行

　　藉由生物的吐納，人們認識到天地間有一種漂浮不定、無所不在的氣體存在。但氣只是一個簡單的概念，並不具其他意義。隨著人類認識活動的擴展，氣漸漸被賦與深一層的涵義，它不僅代表自然的氣象，且被視為人的氣息、血氣，甚至是絪縕聚散、形成萬物的物質，而發展出精氣、陰氣、陽氣

〔註 15〕　轉引自鄭欽仁譯著，《中國政治制度與政府史》（臺北縣：稻禾出版社，1996
　　　　　年 12 月初版），頁 13。

〔註 16〕　東漢光武帝劉秀本人是南陽大地主，他極力拉攏地主、商人，如祭遵、寇恂、
　　　　　銚期等人，取得他們的擁護，建立東漢政權。在功成事遂之後，劉秀對追隨
　　　　　他的豪強地主封侯食邑，對他們的利益備加保護，使得這些新貴族控制整個
　　　　　中央及地方的政權。強化專制政權的主要目的，便是在於維護豪族的利益。
　　　　　參見林劍鳴著，《新編秦漢史》，共二冊（臺北市：五南圖書出版有限公司，
　　　　　1992 年 11 月初版一刷），冊下，頁 1039～1043。

〔註 17〕　金春鋒著，《漢代思想史》，頁 500 云：「封建社會是等級特權社會。人的命運
　　　　　是由他所處的階級和等級地位決定的。」（北京：中國社會科學出版社，1987
　　　　　年 4 月一版）

等概念。〔註18〕

　　西漢初年，《淮南子》及《春秋繁露》這兩部著作，首次提出「元氣」的概念，將其視為產生天地萬物的本原〔註19〕。而董仲舒更進一步利用元氣說明天人可相感應〔註20〕，他說：

> 天有陰陽，人亦有陰陽，天地之陰氣起，而人之陰氣應之而起。人之陰氣起，而天地之陰氣亦宜應之而起，其道一也。（《春秋繁露‧同類相動》）

人與天同具有陰陽之氣，所以彼此相感。此外，他也用元氣去說明人的吉凶禍福，或是君臣、父子、夫婦的關係〔註21〕。總之，元氣在董仲舒及《淮南子》提出及利用後，便廣泛的被用於人生、社會及政治等方面。

　　到了東漢，元氣說仍持續的發展。王充便以元氣為日月星辰、山川萬物的本原，而說「天地合氣，萬物自生」（〈自然〉），但他所謂的元氣是「恬淡無欲，無為無事」（同上）的。

　　此外，仲任更運用元氣的理論觀察人的生理和社會現象，將人的生死壽

〔註18〕 張立文著，《中國哲學範疇精粹叢書——氣》（臺北市：漢興書局有限公司，1994年5月初版），頁22～23。

〔註19〕 劉安著，劉文典撰，《淮南鴻烈集解‧天文訓》云：「道始於虛霩，虛霩生宇宙，宇宙生氣，氣有涯垠，清陽者薄靡而為天，重濁者凝滯而為地，清妙之合專易，重濁之凝竭難，故天先成而地後定。」（臺北市：文史哲出版社，1992年10月再版），頁79～80。此處雖云：「宇宙生氣，氣有涯垠」，但《太平御覽》記載：「宇宙生元氣，元氣有涯垠」。王念孫也持相同的看法。參見劉安著，劉文典撰，《淮南鴻烈集解》，頁79。董仲舒著，《春秋繁露‧王道》云：「元者，始也，言本正也。道，王道也。王者，人之始也。王正，則元氣和順，風雨時，景星見，黃龍下；王，不正，則上變天，賊氣並見。」（臺北市：臺灣中華書局，1984年5月臺二版）本論文所引用《春秋繁露》的文字，皆根據此版本，只註明篇名，不另加註。

〔註20〕 《春秋繁露‧天地陰陽》云：「天地之間，有陰陽之氣。」〈五行相生〉云：「天地之氣，合而為一，分為陰陽，判為四時，列為五行。」〈人副天數〉云：「陽，天氣也；陰，地氣也。」可見陰陽之氣就是天地之氣，就是四時之氣。雖然董仲舒沒有明確指出天地之氣合而為一的狀態是什麼，但張立文先生認為他所指的「合而為一」的氣就是「元氣」，天地陰陽之氣就是元氣的具體存在形式。由此可知，不管是陰陽之氣、天地之氣或是四時之氣，都是元氣。參見同註7，頁64。

〔註21〕 《春秋繁露‧同類相動》云：「非獨陰陽之氣可以類進退也，雖不祥禍福所從生，亦由是也。無非已先起之，而物以類應之而動者也。」〈基義〉云：「君臣、父子、夫婦之義，皆取諸陰陽之道。君為陽，臣為陰；父為陽，子為陰；夫為陽，婦為陰。」

天、貧富貴賤，甚至是操行的善惡歸因於人所稟的氣。他說：

> 人稟氣而生，含氣而長，得貴則貴，得賤則賤。〈〈命義〉〉

> 夫稟氣渥則其體強，體強則其命長；氣薄則其體弱，體弱則命短。
> 〈〈氣壽〉〉

> 小人君子，稟性異類乎？譬諸五穀皆爲用，實不異而效殊者，稟氣
> 有厚泊，故性有善惡也。〈〈率性〉〉

> 人稟天地之性，懷五常之氣，或仁或義。〈〈本性〉〉

由此可知，當時元氣說的流行對他命運論的構成與發展有鉅大的影響。

三、星象學的發達

　　天象的觀測，起於人民爲了掌握溫度的高低及四季的變化，不誤農時，以使農作物順利生長。此時，人民仍處於「靠天吃飯」的階段，對於星辰的出沒、四季的轉換等自然界現象，既不知其因，也無法預測。爲了解釋自然的轉變，他們將天視爲一個有意志的天，以天爲天象變換及農作物豐歉的原因。天象是天反映其意志的方式，爲了揣測天意，而有占星術的出現〔註22〕。占星術的發展，將客觀的星象觀察與主觀的臆測相融合，使得星象學的發展蒙上一層宗教迷信的色彩。〔註23〕

　　到了漢代，不論是觀測星象的儀器，或是有關星象觀測的理論都有顯著的進步〔註24〕。但對星象的觀察，仍被用以預測人事的禍福吉凶〔註25〕。不

〔註22〕劉昭民編著，《中華天文學發展史》（臺北市：臺灣商務印書館股份有限公司，1985年1月初版），頁440。

〔註23〕陳久金、楊怡著，《中國古代的天文與曆法》，頁58云：「從春秋戰國開始，流行占星術。占星學家認爲，天上的某一區域固定地和地上的某一區域相互影響，如果這部分天區裏有不尋常的天象出現，那麼它所對應的地區內將發生大事。」（臺北市：臺灣商務印書館股份有限公司，1993年10月初版）可見星象學的發展是由於人想利用星象占卜吉凶。占星術的發達幫助了星象學的發展，但也讓星象學蒙上宗教迷信的色彩。

〔註24〕漢代的天文觀測儀器有渾天儀、水運渾天儀及候風地動儀等相繼出現。在天體理論方面，除了蓋天說，也有渾天說及宣夜說等。

〔註25〕羅光著，《中國哲學思想史——兩漢南北朝篇》，收錄於《羅光全書》，共四十二冊，冊七，頁76云：「對於禍福問題，關係最密切的，爲術數。術數的意義，即是從自然界的現象以求知人事的禍福吉凶。術數包括天文學的星宿及曆法，又包括推算吉凶的占卜和堪輿形相。漢代天文學所有星宿位置以及曆數的時日，處處和人的禍福相關。」（臺北市：臺灣學生書局，1996年8月初版）

論是天文、地理、氣候等，都被視爲與人事制度或是政治法令相互連繫，彼此影響。《史記》曾記載：「有句圜十五星屬杓，曰賤人之牢。其牢中星實則囚多，虛則開出。」〔註26〕認爲如果相應於牢的星域較滿，則囚犯就會多；反之，則要赦免囚犯。《漢書》也提到相同的天與地相應的區域會相互影響的概念〔註27〕。此時，星象學完全被運用於人事吉凶禍福的推算上。可見，星象學在當時已有相當的發展。

　　雖然王充對他所處的時代有諸多的批評，但仍受限於當時的風氣，將星象學運用到命運論中，以爲國家的命運直接取決於天上星宿的變化，他說：

　　　　國命繫於眾星。列宿吉凶，國有禍福。(〈命義〉)

此外，仲任更進一步將星象學用於個人，認爲人的富貴在生命形成時便由稟受的星象所決定。他說：

　　　　至於富貴所稟，猶性所稟之氣，得眾星之精。眾星在天，天有其象。
　　　　得富貴象則富貴，得貧賤象則貧賤。……天有百官，有眾星。天施
　　　　氣而眾星布精，天所施氣，眾星之氣在其中矣。人稟氣而生，含氣
　　　　而長，得貴則貴，得賤則賤。貴或秩有高下，富或資有多少，皆星
　　　　位尊卑小大之所授也。故天有百官，天有眾星，地有萬民、五帝、
　　　　三王之精。天有王梁、造父，人亦有之，稟受其氣，故巧於御。(同
　　　　上)

仲任能利用星象說明個人貧賤富貴，這樣的創舉〔註28〕，無非是要反映他不

〔註26〕楊家駱主編，司馬遷撰，《史記》(臺北市：鼎文書局，1981 年 9 月二版)，共三冊，冊二，〈天官書〉，頁 1294。

〔註27〕楊家駱主編，班固撰，《漢書》，頁 1542 云：「保章氏掌天文以星土辯九州之地所封，封域皆有分星以視吉凶。」(〈地理志〉) 臺北市：鼎文書局，1974 年 10 月初版。本論文所引用《漢書》的文字，皆根據此版本，只註明篇名，不另加註。

〔註28〕李約瑟著，陳立夫主譯，《中國之科學與文明》，共十六冊，冊三，頁 19 云：「王充時代，星命學運用於個人，僅爲開始。」(臺北市：臺灣商務印書館股份有限公司，1973 年 7 月初版) 周桂鈿著，《虛實之辨——王充哲學的宗旨》，頁 117 云：「在先秦的著作裏，將二十八宿與各諸侯國相對應，是天地對應的具體化，當時叫『分野』。從《呂氏春秋》到西漢前期的《淮南子》、《史記·天官書》，都有分野說。但都沒有把某個人與天上某星相對應。……董仲舒講天人感應，是以上天爲一個主宰的世界，人是一個被主宰的世界。雖然上天的變化可以預示人間的吉凶禍福，那是上天的表示。整個人類都是上天派生的，但沒有指明個人與個別星辰的對應關聯。」又頁 118 云：「東漢王充通過人稟星氣決定性命的說法，使人世間變成天上等級世界的倒影。星在天上的

能掌握自身命運，只能屈從於皇權和門閥支配的無奈〔註29〕。而他對星象學的運用，除了顯示當時星象學的發達外，更顯示星象學對其思想所造成的限制和影響。

四、漢代的命運觀

　　創於公元前六世紀的佛教，直到西漢，由於交通的便利及西域某些國家的信奉，才漸漸傳入中國。到了東漢，佛教不僅流傳於民間，更進一步的擴展到統治階層〔註30〕。此時，人民對佛教的教義雖沒有深刻的認識，但佛教的善惡報應之說卻蔚為風氣〔註31〕。而傳統儒家所言的「積善之家，必有餘慶；積不善之家，必有餘殃」〔註32〕，及「死生有命，富貴在天」〔註33〕的命運觀，就在董仲舒的「天人感應」理論，及佛教善惡報應之說的推波助瀾下持續發展。人們深信「行善者福至，為惡者禍來」（〈福虛〉），以為富貴貧賤、吉凶禍福全是天命，如果行善積福，則可感動天，便能富貴尊榮，飛黃騰達；如果違反天的意志，為非作惡，則必會受到天的責罰。總之，人們以為行為是造成個人吉凶的關鍵，肯定人的行為與自身的禍福有必然的關係。善惡有報、行為命定，逐漸成為民間普遍信仰的命運觀。

地位決定了稟此星氣的人在人世間的社會地位。這種說法可能是王充無意中發明的。」（北京：人民出版社，1996 年 2 月一版二刷）由此可見，利用星相學來說明人的命運是王充的創舉。

〔註29〕祝瑞開著，《兩漢思想史》（上海：上海古籍出版社，1989 年 6 月一版），頁318。

〔註30〕《後漢書・光武十王列傳》，頁 1428 記載：「（楚王劉英）少時好游俠，交通賓客，晚節更喜黃老，學為浮屠，齋戒祭祀。八年，昭令天下死罪皆入縑贖。英遣郎中令奉黃縑白紈三十匹詣國相曰：『託在蕃輔，過惡累積，歡喜大恩，奉送縑帛，以贖愆罪。』國相以聞。昭報曰：『楚王誦黃老之微言，尚浮屠之仁祠，絜齋三月，與神為誓，何嫌何疑，當有悔吝？其還贖，以助伊蒲塞桑門之盛饌。』」

〔註31〕湯用彤著，《漢魏兩晉南北朝佛教史》，共二冊，冊上，頁 52 云：「漢代天地山川諸大祀外，尚有多種之祭祀。……佛教在漢代純為一種祭祀，其特殊學說，為鬼神報應。」又頁 8 云：「漢代佛教，最重要之信條，為神靈不滅，輪轉報應之說。」（北京：中華書局，1963 年 1 月一版二刷）

〔註32〕郭建勳注譯，《新譯易經讀本》（臺北市：三民書局有限公司，1998 年 10 月再版），頁 31。

〔註33〕《論語集注》，收錄於朱熹撰，《四書章句集註》（臺北市：鵝湖出版社，1984 年 9 月初版），〈顏淵〉，頁 134。本論文所引用《四書》的文字，皆根據此版本，只註明篇名，不另加註。

東漢儒者以「三命說」言命，即以「正命」、「隨命」及「遭命」解釋個人的吉凶禍福，便是受到這樣的命運觀所影響。《白虎通義》云：

> 命者，何謂也？人之壽也，天命以使生者也。命有三科以記驗。有壽命以保度，有遭命以遇暴，有隨命以應行。壽命者，上命也。若言文王受命唯中身，享國五十年。隨命者，隨行爲命，若言怠棄三正，天用勦絕其命矣。又欲使民，務名立義，無滔天，滔天則司命舉過，用言以弊之。遭命者，逢世殘賤，若上逢亂君，下必災變暴至，天絕人命，沙鹿崩于受邑是也。〔註34〕

人有天所授與的壽命，及因自己的惡行而招致凶禍的隨命。由於人也有與自己的善惡行爲無關的遭遇，所以也有遭命。

當時儒者所說的隨命，無庸置疑是受佛教的報應理論所影響。但因他們清楚了解到隨命並無法解釋所有惡行的後果，所以進一步提出遭命，以補充隨命的不足。無論如何，儒者所言的「三命說」是肯定人的行爲有決定其命運的力量。〔註35〕

針對東漢儒者所言的三命說，王充以不同的角度重新詮釋，並提出質疑。〈命義〉云：

> 傳曰：「說命有三：一曰正命，二曰隨命，三曰遭命。」正命，謂本稟之自得吉也。性然骨善，故不假操行以求福而吉自至，故曰正命。隨命者，戮力操行而吉福至，縱情施欲而凶禍到，故曰隨命。遭命者，行善得惡，非所冀望，逢遭於外，而得凶禍，故曰遭命。

仲任以爲正命就是好命。肯定「性然骨善」，以爲本性是天生，本性善，骨相就好，因此，不需藉由行善，則富貴福壽自然而至。這樣的理解，與當時儒者所言人的德行操守可改變人的福壽的觀點大相逕庭。

此外，仲任以爲不僅惡行所招致的禍是隨命，善行所招致的福，也是隨

〔註34〕班固撰，《白虎通義》，收錄於《白虎通·風俗通》（臺北市：黎明文化事業公司，出版日期不詳），〈壽命〉，頁8188～8189。

〔註35〕陳寧撰，〈漢晉時期思想界的命運觀〉云：「以上三種命有一共同點，即人的行爲能夠決定其命運。文王之所以得壽命是因爲他有德行而天帝使其長壽。……隨命即是『隨行爲命』，行爲命定之意甚明。遭命是逢遭亂世，與己之行爲無關，但亂世之因仍在于人——國君。……可見，國君無道是無辜者得遭命的主因。這三種命都強調行爲與命運有關係，只不過這一關係在壽命和隨命的體現是直接的，而在遭命是間接的。」收錄於《新史學》，八卷四期（臺北市：新史學雜誌社，1997年12月），頁3～4。

命，而遭命是用以說明與自己的善惡行為完全無關的禍福遭遇。仲任對「隨命」與「遭命」的詮釋與當時儒者的理解並沒有太大的差距，但他卻強烈的質疑「隨命」與「遭命」同時存在，堅決反對隨命。他說：

> 行善當得隨命之福，乃觸遭命之禍，何哉？言隨命則無遭命，言遭命則無隨命，儒者三命之說，竟何所定？（〈命義〉）

仲任把人的善惡及禍福的遭遇截然劃分為二，認為人「或性善而命凶，或性惡而命吉」，且「性自有善惡，命自有吉凶」（同上），完全否定人的行為有改變命運的力量，〈命義〉云：

> 富貴貧賤皆在初稟之時，不在長大之後隨操行而至也。

且提出個人的「三命說」。〈命義〉云：

> 正命者至百而死；隨命者五十而死；遭命者初稟氣時遭凶惡也，謂妊娠之時遭得惡也，或遭雷雨之變，長大夭死。此謂三命。

正命是人可活的歲數，即百歲；隨命是人活到五十歲；遭命是由於人最初稟氣時受到不良的影響，以致日後遭到災禍。

　　除了善惡報應、行為命定流行於當時外，命運可預知的觀念在漢代也大為盛行。如《漢書‧藝文志》就提到「知命之術」：

> 聖王必正曆數，以定三統服色之制，又以探知五星日月之會。凶阨之患，吉隆之喜，其術皆出焉。此聖人知命之術也。

仲任否定人有改變其命運的能力，認為人「在父母施氣之時，已得吉凶」（同上），對命運可預知的理論，自然容易接受。以為人的骨體是命運的表徵，根據骨體可以察知人的命運。他說：

> 人曰命難知。命甚易知。知之何用？用之骨體。人命稟於天，則有表候見於體。察表候以知命，猶察斗斛以知容矣。表候者，骨法之謂也。（〈骨相〉）

可見仲任雖然反對當時的命運觀，但深受「知命之術」所影響。

　　英國哲學家羅素說：「哲學乃是社會生活與政治生活的一個組成部分：它並不是卓越的個人所做出的孤立的思考，而是曾經有各種體系盛行過的各種社會性格的產物與成因。」〔註36〕這正說明了時代背景及問題對思想的形成扮演非常重要的角色。羅素這番話，正好是王充命運論最佳的註腳。

〔註36〕羅素著，何兆武、李約瑟合譯，《西方哲學史》，共二冊（臺北市：五南圖書出版有限公司，1994年7月初版），冊上，美國版序言，頁1。

第三章 中國命運論的發展及王充命運論的思想淵源

　　「命」的概念在中國哲學中所占的重要地位，可由其出現在各典籍中的次數窺見端倪。雖然命的概念起源甚早，但「命」字的出現，卻始於西周中葉，於西周晚期才普遍被使用〔註1〕。而《詩經》與《書經》這兩本中國最古老的著作，早已以命字表達命的概念，其後的諸多哲學家言命，大都源於此二書的天命思想〔註2〕，因此，探討中國命運論的發展，應先以《詩經》與《書經》的天命思想著手，進而探索各朝代重要哲學家對命的看法，才能掌握中國命運論的發展。本章即論析王充以前的命運論，一來了解中國命運思想的發展和演變，二來了解王充命運論的淵源，及其對先哲前賢的取捨從違。

第一節　先秦時期命運論的發展

一、《詩經》、《書經》的命運觀

　　唐君毅先生認為中國哲學言命，主要目的在於了解天人之間的關係。因

〔註1〕參閱傅斯年著，《性命古訓辨證》，收錄於《傅斯年全集》，共七冊，冊二（臺北市：聯經出版事業公司，1980 年 9 月初版），頁 174。傅斯年先生認為雖然在西周前已有「命」的概念，但在甲骨文中卻沒有「命」字，只有「令」字，所以，「命」與「令」二字應為同一字。命字應遲至西周中葉才出現。

〔註2〕唐君毅著，《中國哲學原論——導論篇》，頁 501 云：「中國先哲言命之論，初盛於先秦。孔言知命，墨子言非命，孟子言立命，莊子言安命順命，老子言復命，荀子言制命，《易傳》、《中庸》、《禮運樂記》言至命、俟命、本命、降命。諸家之說，各不相同，而同遠原於《詩》《書》中之宗教性之天命思想。」（香港：人生出版社，1966 年 3 月出版）

此，言命的方法便是透過談論天人之際及天人相與之事〔註3〕。而周人之所以要談命，及了解天人的關係，在於周人對夏商二代政權移轉的困惑。因爲夏商二代皆善事鬼神，但商代夏而興，而商卻亡於周人之手。這樣的結果，使周人不得不對政權的轉移重新思考，並對天人的關係重新反省。《書經》云：

> 我不敢知曰，有夏服天命，惟有歷年；我不敢知曰，不其延，惟不敬厥德，乃早墜厥命。我不敢知曰，有殷受天命，惟有歷年；我不敢知曰，不其延，惟不敬厥德，乃早墜厥命。〔註4〕

周人相信政權的成立，主要在於天之受命〔註5〕。夏商二代受天命而立國，而其國祚的長短是天命，即上天的命令〔註6〕，是人所不可知的。但因爲天只降命於有德之人，夏商二代「不敬厥德」，所以「早墜厥命」，無法延續政權。周人所言之命，只限於王命及國命。

藉由對夏商二代政權移轉的思考，周人於是產生「天命靡常」、「駿命不易」(《詩經・大雅・文王》)、「惟命不于常」(《書經・周書・康詔》) 的看法，即天命無常，並非固定，且不可常保的認識及感嘆。因此，周人特別重視人之修德，以爲人的修德是天之受命、配享天命的重要關鍵。《書經》云：

> 克明德慎罰，不敢侮鰥寡，庸庸、祇祇、威威、顯民。……天乃大命文王，殪戎殷，誕受厥命。(《周書・康誥》)

> 周公曰：「嗚呼，厥亦惟我周太王、王季，克自抑畏。文王卑服，即康功田功，徽柔懿恭，懷保小民，惠鮮鰥寡。自朝至于日中昃，不遑暇食，用咸和萬民。文王不敢盤于遊田，以庶邦惟正之供。文王受命惟中身，厥享國五十年。」(《周書・無逸》)

〔註3〕 唐君毅著，《中國哲學原論──導論篇》，頁500云：「中國哲學之言命，則所以言天人之際與天人相與之事，以見天人之關係者。」

〔註4〕 金履祥撰，《尚書・尚書表注》(臺北市：國立中央圖書館，1991年2月出版)，《周書・召誥》，頁214。本論文所引用《尚書》的文字，皆根據此版本，只註明篇名，不另加註。

〔註5〕 《詩經》也有「文王受命」、「有命自天，命此文王」等受命於天的概念。陳子展撰，《詩經直解》(臺北市：書林出版有限公司，1992年8月出版)。以上兩句引文，出自《大雅・文王》及《大雅・大明》，頁856、865。本論文所引用《詩經》的文字，皆根據此版本，只註明篇名，不另加註。

〔註6〕 周人所說的天命是指上天的命令或任命。參閱張立文著，《中國哲學範疇發展史（天道篇）》(臺北市：五南圖書出版有限公司，1996年7月初版)，頁72。

《詩經》亦云：

> 維此文王，小心翼翼，昭事上帝，聿懷多福。厥德不回，以受方國。
> （《大雅・大明》）

文王之所以受命爲王，是因爲畏天、恤民、勤政、節儉所致。人必修德在先，德聞於天，然後才可受命爲君王。但君王在受命之後，唯有修德、敬天，才可永保天命。《詩經》云：

> 無念爾祖，聿脩厥德？永言配命，自求多福。（《大雅・文王》）

《書經》亦云：

> 今王嗣受厥命，我亦惟茲二國命，嗣若功。王乃初服，鳴呼！若生子，罔不在厥初生，自貽哲命。今天其命哲，命吉凶，命歷年。知今我初服，宅新邑，肆惟王其疾敬德。王其德之用，祈天永命。（《周書・召誥》）

由此可見，一切永保天命之方案盡在人事之中。周人這種說法，顯示出天與人的關係密不可分。

二、《左傳》、《國語》的命運觀

周人君王修德而受命於天，及天命只與君德相互回應的觀念明白的表現於《書經》及《詩經》之中。到了春秋時代，命由德定的觀念雖仍存在，但修德已不再是受命的必要條件，受命的對象也由君主擴展到諸侯與臣子。《左傳》云：

> 善之代不善，天命也。其焉辟子產？……天禍鄭久矣，其必使子產息之。〔註7〕

> 晉侯賞從亡者。介之推不言祿，祿亦弗及。推曰：「獻公之子九人，唯君在矣！惠懷無親，外內弃之。天未絕晉，必將有主。主晉祀者，非君而誰？天實置之，而二三子以爲己力，不亦誣乎？」（〈僖公二十四年〉）

《國語》亦云：

> 單襄公曰：「晉之克也，天有惡於楚也。故儆之以晉，而卻至佻天之

〔註7〕楊家駱主編，杜預、孔穎達注，《左傳注疏及補正》，共三冊（臺北市：世界書局，1973 年 12 月再版），冊上，〈襄公二十九年〉，頁 23。本論文所引用《左傳》的文字，皆根據此版本，只註明篇名，不另加註。

功以爲己力不亦難乎。」〔註8〕

晉公子敏而有文，約而不諂，三材侍之，天祚之矣。天之所興，誰能廢之。（〈晉語四〉）

子產因善而爲臣當政，晉文公因「天未絕晉」、「天實置之」、「天之所興」而得國。臣子有德，而受命爲臣，但諸侯王的得命，卻不再是因其德與天相配合。由此可知，當時人所注意的已不是人的修德，而是天的權力。〔註9〕

隨著人們對修德的不重視，周人失德命改的觀念，在春秋時也有重大的改變。《左傳》云：

天祚明德，有所底止。成王定鼎於郟鄏，卜世三十，卜年七百，天所命也。周德雖衰，天命未改，鼎之輕重，未可問也。（〈宣公三年〉）

從占卜得知天不僅將王命降於文王身上，同時王命更下及他的子孫，共三十世，七百年。所以雖然周德已衰，但因天命未盡，周朝仍能屹立不搖。

這樣將德與命完全分開而論的觀點，與《詩經》、《書經》所言「不敬厥德，乃早墜厥命」（《書經·周書·召誥》）及「帝命不時」（《詩經·大雅·文王》）的觀點有天壤之別。原有與人德相應的天命觀轉變爲含有預定意義的天命觀〔註10〕，即天命是固定的，早已預定了國命、王命，人德並無法改變。

這種涵有預定意義的命運觀，成爲後來以星象說命及祖德餘蔭說的主要根源〔註11〕。王充「國命繫於眾星」（〈命義〉）的觀點，即是淵源於此。

此外，命的意義也由天命，即天的命令或任命，引申爲壽命、生命。《左傳》云：

〔註8〕 易中天注譯，《新譯國語讀本》（臺北市：三民書局股份有限公司，1995 年 11 月初版），〈周語中〉，頁 97。本論文所引用《國語》的文字，皆根據此版本，只註明篇名，不另加註。

〔註9〕 李杜著，《中西哲學思想中的天道與上帝》，頁 40 云：「當時人所注意的實是天的權力，而不是人的修德，是一種權力的意念，而不是德化的理想。此大概與當時的社會政治情形有關。……因此由封建統一時所形成的德化觀念亦隨之而消失。代之而興的是一種權力的觀念。人世間所重的既是權力，天亦成爲一種權力的表示。」（臺北市：聯經出版事業公司，1991 年 5 月初版六刷）

〔註10〕 唐君毅著，《中國哲學原論——導論篇》，頁 509 云：「由卜知來，則爲預定。」又同上，頁 42 云：「此所說『天祚明德，有所底止』，『卜世三十，卜年七百，天所命也』，即是天命涵有預定意義的記述。」

〔註11〕 唐君毅著，《中國哲學原論——導論篇》，頁 509。

> 邾文公卜遷於繹。史曰：「利於民，而不利於君。」邾子曰：「苟利
> 於民，孤之利也。天生民而樹之君，以利之也。民既利矣，孤必與
> 焉。」左右曰：「命可長也，君何弗爲？」邾子曰：「命在養民，死
> 之短長，時也。民苟利矣，遷也，吉莫如之。」遂遷於繹。五月，
> 邾文公卒，君子曰知命。(〈文公十三年〉)

邾文王有意遷都於繹，但占卜的結果是「利於民，而不利於君」。因此，左右諫言不遷都以保長命。命，指一國之君受命治國之日，長命指一國之君長期受命治國，即君王長壽的意思。命字被引申爲壽命、生命之義〔註12〕。之後，命字逐漸與生、壽二字連用，命字所具有的壽命、生命之義也就更加明顯。壽命一詞，更成爲漢儒所言三命之一。而仲任在言命時，便將命區分成「所當觸値之命」，及「強弱壽夭之命」(〈氣壽〉)。強弱壽夭之命便具生命或壽命之義〔註13〕。但仲任並不認爲強弱壽夭之命是由「天」所賦予的，而認爲人本身氣稟的強弱才是決定壽命長短的關鍵，這與《左傳》所言具有壽命義的命大有徑庭。

三、孔子的知天命

《詩經》和《書經》所言的天命，隨著時代而有不同的發展。孔子繼承周朝以來的天命觀，也談天命。但他所言受天命的對象，已不再局限於貴族統治階級，而是由君王、諸侯、臣子擴展到個人。《論語》即云：

> 吾十有五而志于學，三十而立，四十而不惑，五十而知天命，六十
> 而耳順，七十而從心所欲，不踰矩。(〈爲政〉)

> 君子有三畏：畏天命，畏大人，畏聖人之言。小人不知天命而不畏
> 也，狎大人，侮聖人之言。(〈季氏〉)

孔子以爲自己五十歲便知天命，並勸告君子要畏天命，可見天所降命的對象

〔註12〕 但此處「君子曰『知命』」之「命」，並非指壽命，而是指天之所命，即君王養民的責任。知命不是指知壽命會有所終，人終有死，而是指知養民是天所受於君王的職責。而此處知命的意義與後來儒家所言的知命意義相同。參見同上，頁 510～511。

〔註13〕 〈命義〉云：「稟得堅強之性，則氣渥厚而體堅強；堅強則壽命長，壽命長則不夭死。」又〈氣壽〉云：「若夫強弱夭壽，以百爲數，不至百者，氣自不足也。夫稟氣沃則其體強，體強則其命長；氣薄則體弱，體弱則命短。命短則多病壽短。」此處壽命之命及命短之命便具生命及壽命之義，這是仲任所言強弱壽夭之命。

已由貴族統治階級擴展至個人。

由於孔子所言的天命對象與傳統不同,因此,命的意義也由王命或國命,進一步的擴展為人的生死或行為的客觀限制。但孔子只以命字代表這客觀的限制。《論語》云:

> 伯牛有疾,子問之,自牖執其手,曰:「亡之,命矣夫!斯人也而有斯疾也!斯人也而有斯疾也!」(〈雍也〉)

> 司馬牛憂曰:「人皆有兄弟,我獨亡。」子夏曰:「商聞之矣:死生有命,富貴在天。君子敬而無失,與人恭而有禮。四海之內,皆兄弟也。君子何患乎無兄弟也。」(〈顏淵〉)

> 公伯寮愬子路於季孫。子服景伯以告,曰:「夫子固有惑志於公伯寮,吾力猶能肆諸市朝。」子曰:「道之將行也與?命也;道之將廢也與?命也。公伯寮其如命何!」(〈憲問〉)

有德的伯牛卻身染惡疾,孔子將之歸於命。生死、富貴的遭遇是現實生活中人力所無法自主的,而道的實踐也會受到現實條件的限制而有行、廢之別。不論伯牛之疾、死生富貴的遭遇,或是道之行廢都有人力無法自主的限制存在,所以孔子以命代表個人現實生活中生死或是行為的客觀限制〔註14〕。這樣的命是「命運」之命,具有「命定」的意義〔註15〕。雖然孔子將命的概念由天命之中獨立而出,即以單獨的命字去說命,但所有的限制仍出於天,命的意義也隱含傳統的天命,即天之命令的意義。〔註16〕

〔註14〕李杜著,《中西哲學思想中的天道與上帝》,頁63。

〔註15〕徐復觀著,《中國人性論史——先秦篇》,頁83云:「《論語》上凡單言一個『命』字的,皆指命運之命而言。」(臺北市:臺灣商務印書館股份有限公司,1999年9月初版十二刷)蔡仁厚著,《孔孟荀哲學》,頁123亦云:「『命』有二義。從天之所命、性之所命而言,謂之『天命』『性命』。這一面的命,是『命令義』的命。……另一方面,是『命運、命遇、命限』之命,這是『命定義』的命。所謂『命定』,是表示一種客觀的限定或限制。」(臺北市:臺灣學生書局,1984年12月初版)

〔註16〕〈子罕〉云:「子畏於匡。曰:『文王既沒,文不在茲乎?天之將喪斯文也,後死者不得與於斯文也;天之未喪斯文也,匡人其如予何?』」〈先進〉云:「顏淵死。子曰:『噫!天喪予!天喪予!』」〈憲問〉云:「子曰:『不怨天,不尤人。下學而上達。知我者其天乎!』」由此可知孔子重視天,並且不否認《詩》、《書》以來對天所賦與的神性意義。對於孔子所說「道之將行也與,命也;道之將廢也與,命也」之「命」,除了將其理解為人的客觀限制,即含有命定義外,蔡仁厚先生亦認為可將此命理解為天命,即道之行廢皆由

　　孔子一方面肯定命的存在，一方面卻不廢棄人的主觀努力〔註17〕。〈先進〉
云：

　　　　回也其庶乎，屢空。賜不受命，而貨殖焉，億則屢中。

顏回對人力無法自我掌控的富貴，能不強求而安貧樂道，但子貢憑著自己的
聰明才智，成為腰纏萬貫的富豪。子貢求取不可強求且求之未必可得的富貴，
雖為孔子所不許，而認為他「不受命」，但子貢的行為正好說明人的努力可以
克服命運的桎梏、擺脫天命的支配。孔子即云：

　　　　桓公九合諸侯，不以兵車，管仲之力也。（〈憲問〉）

　　　　我未見好仁者，惡不仁者。好仁者，無以尚之；惡不仁者，其為仁
　　　　矣，不使不仁者加乎其身。有能一日用其力於仁矣乎？我未見力不
　　　　足者。（〈里仁〉）

齊桓公稱霸諸侯，是因管仲的助力，而不是天命。對「仁」的追求，也是「為
仁由己」（〈顏淵〉），全靠人自身的力量。由此可知，孔子肯定人後天的力量
及努力。

　　而孔子更進一步的認為唯有透過人自身努力盡人事，才能「知天命」，才
能了解到人生的種種客觀限制。〈微子〉云：

　　　　君子之仕也，行其義也。道之不行，已知之矣。

君子雖知「道之不行」，卻仍「行其義」；而盡其義務，作其當作之事，就是
天所賦與人之職責與使命。也唯有透過盡其所能，克盡其責，才能體會這
種職責，及由天所主宰的種種客觀限制。孔子在五十歲證知天命〔註18〕，所

　　天所命。並認為「命令義」之命與「命定義」之命二者之間有所關聯。由此
　　可見，雖然孔子單獨以命字言命，但代表人客觀限制之命卻隱含有天之命令
　　義。也就是說，天仍然是人生種種限制的主因。參見其所著，《孔孟荀哲
　　學》，頁127。羅光著，《中國思想史（一）》，頁199亦云：「道行不行是命，
　　這個命也是天命。伯牛有疾的命，和死生之命，則是普通所說的命運。死生
　　和富貴都在命之中，本人沒有抵抗的力量。子夏說所聽到『死生有命，富貴
　　在天』，兩句話平行，但不相對立，死生和富貴相平行，命和天相平行；因此
　　死生富貴，都屬於命，命則是天。孔子所講的命運，也是天命。」（臺北縣：
　　先知出版社，1975年8月出版）
〔註17〕鍾肇鵬著，《孔子研究》（臺北市：淑馨出版社，1993年11月初版），頁80。
〔註18〕徐復觀以為孔子「五十而知天命」的「知」，是「證知」的知，是他從十五志
　　學以後，不斷的「下學而上達」，從經驗的累積中證知。參閱其所著，《中國
　　人性論──先秦篇》，頁86。蔡仁厚也持相同的看法。參閱其所著，《孔孟荀
　　哲學》，頁111。

以他要人先盡人事，才可知天命，而後聽天命。他自己對道之不行卻「知其不可爲而爲之」（〈憲問〉）的態度，便是盡人事，然後聽天命的最好證明。因此，他要君子「畏天命」（〈季氏〉），更說「不知命，無以爲君子」（〈堯曰〉）。

　　孔子的「知天命」，不僅重視天命的存在，同時也肯定人的努力。雖然王充曾多次引用孔子之言來證明其命運論〔註19〕，但仲任由於自身的際遇，只是單方面繼承孔子所說的命定義的命，而忽略了人的努力在命運中所扮演的角色。他說：

> 富貴之福，不可求致；貧賤之禍，不可苟除也。由此言之，有富貴之命，不求自得。信命者曰：「自知吉，不待求也。天命吉厚，不求自得；天命凶厚，求之無益。」夫物不求而自生，則人亦有不求貴而貴者矣。（〈命祿〉）

> 孔子曰：「道之將行也與，命也！道之將廢也與，命也！」由此言之，教之行廢，國之安危，皆在命時，非人力也。（〈治期〉）

以爲不論人的富貴貧賤，或是政教的實行、國家的安定都取決於命運及時運，不是人力所能決定的。命裏有的，不求自得；命裏沒有的，求也不可得。由此可見，仲任對孔子的命運論是有所取捨的。他只肯定生命中的種種客觀限制，而否定孔子竭其能、盡其責的積極精神。

四、墨子的非命論

　　命的涵義隨著時代有不同的發展。但不論命是指命令、壽命或是人生客觀的種種限制，天對命所扮演的角色卻未隨著命涵義的不同而有太大的改變，即命仍是天授，並由天所決定的。墨子繼承《詩經》、《書經》中的天命思想，特別重視有意志且爲人之主宰的天，以爲天會視人的行爲施予賞罰〔註20〕。所以他要國君以節葬、節用、非樂的方式修德，以受天命〔註21〕，

〔註19〕〈命祿〉云：「孔子曰：『死生有命，富貴在天。』……孟子曰：『天也！』孔子聖人，孟子賢者，誨人安道，不失是非，稱言命者，有命審也。」〈命義〉云：「儒家之議，以爲人死有命。言有命者，見子夏言：『死生有命，富貴在天。』」

〔註20〕李漁叔註譯，《墨子今註今譯》，〈天志中〉云：「吾所以知天之貴且知於天子者有矣。曰天子爲善，天能賞之；天子爲暴，天能罰之。」（臺北市：臺灣商務印書館股份有限公司，1980年8月四版，頁195）本論文所引用《墨子》的文字，皆根據此版本，只註明篇名，不另加註。唐君毅著，《中國哲學原論

並主張國君要尚賢、親士，如此才可長保國命及王命〔註22〕。天對墨子的命運觀仍占有非常重要的地位。

墨子雖一方面繼承傳統的天命觀，但一方面也提出「非命」的觀點，反對由《詩經》及《書經》所轉變而來的預定命運觀〔註23〕。《墨子》云：

執有命者之言曰：「命富則富，命貧則貧，命眾則眾，命寡則寡，命

——導論篇》，頁521亦云：「是見墨子之天，仍同於《詩》《書》中之天，乃唯監觀四方，視人之行為，合不合於其志，而施賞罰者。此即仍須待人之行事，上聞於天，而後天乃察其德，以施賞罰。此正為《詩》《書》中天命觀中所涵之思想。」

〔註21〕〈節葬下〉云：「以此求禁止大國之攻小國也，而既已不可矣，欲以干上帝鬼神之福，意者可邪？其說又不可矣。今惟毋以厚葬久喪者為政，國家必貧，人民必寡，刑政必亂，若苟貧，是粢盛酒醴不淨潔也；若苟寡，是事上帝鬼神者寡也；若苟亂，是祭祀不時度也。今又禁止事上帝鬼神，為政若此，上帝鬼神，始得從上撫之曰：『我有是人也，與無是人也，孰愈？』曰：『我有是人也，與無是人也，無擇也。』則惟上帝鬼神，降之罪屬之禍罰而棄之，則豈不亦乃其所哉？」〈非樂上〉云：「何以知其然也？曰先王之書，湯之官刑有之曰：『其恒舞于宮，是謂巫風，其刑，君子出絲二衛，小人否似二伯黃徑。』乃言曰：『嗚乎！舞佯佯，黃言孔章，上帝弗常，九有以亡，上帝不順，降之百歹羊，其家必壞喪。』察九有之所以亡者，徒從飾樂也。於武觀曰：『啟乃淫溢康樂，野于飲食，將將銘莧磬以力，湛濁于酒，渝食于野，萬舞翼翼，章聞于大，天用弗式。』故上者天鬼弗戒，下者萬民弗利。」墨子以為若國君主張厚葬、重樂，則天便會降禍於人。所以主張節葬、節用、非樂，以尊天事鬼，受天命。

〔註22〕〈尚賢中〉云：「故古聖王能審以尚賢使能為政，而取法於天。雖天亦不辯貧富貴賤，遠邇親疏，賢者舉而尚之，不肖者抑而廢之。然則富貴為賢，以得其賞者，誰也？曰：『若昔者三代聖王堯舜禹湯文武者是也。』所以得其賞何也？曰：『其為政乎天下也，兼而愛之，從而利之，又率天下之萬民以尚尊天事鬼，愛利萬民。』是故天鬼賞之，立為天子，以為民父母，萬民從而譽之曰『聖王』，至今不已，則此富貴為賢，以得其賞者也。」〈親士〉云：「入國而不存其士，則亡國矣。見賢而不急，則緩其君矣。非賢無急，非士無與慮國，緩賢忘士，而能以其國存者，未曾有也。」

〔註23〕唐君毅著，《中國哲學原論——導論篇》，頁520云：「考墨子之非命，實為上文所引卜年卜世一類之預定未來之命。」頁521云：「其非命，唯是非預定論之思想。」薛保綸著，《墨子的人生哲學》，頁56云：「墨子非命，他所非的命，不是『天命之謂性』的『性命』……也不是非國運之命，及人的祿命、福命及壽命……也不是非儒家正統派的知命、立命……所以他所非的命，是非定命、安命、或是『執有命』者的命。」（臺北市：國立編譯館，1986年3月再版）張岱年著，《中國哲學大綱》，頁404亦云：「墨家所非之命，是完全前定之命。……但此所謂命，實不即是謂儒家所謂命。」（北京：中國社會科學出版社，1985年3月一版二刷）

治則治，命亂則亂，命壽則壽，命夭則夭，命雖強勁何益哉？」上
以說王公大人，下以駔百姓之從事，故執有命者不仁，故當執有命
者之言，不可不明辨。(〈非命上〉)

執有命論的人以爲富貴、貧窮、夭壽、治亂都已預定，人的努力並不能加以
改變。墨子認爲這樣的言論使人不能有所作爲，不僅影響在位者的施政，同
時也阻礙百姓的日常工作，更會導致道德淪喪、刑政大亂及財用不足的情況
〔註24〕。所以相信命定者都是不仁〔註25〕，應予駁斥。

此外，墨子又認爲暴君爲了鞏固政權，及推卸治國的責任才提出命定論，
而附和命定論的人必定是那些懦弱無能、想要自我安慰，或掩飾自己惰性的
窮人。他說：

然今以命爲有者，昔三代暴王，桀紂幽厲，貴爲天子，富有天下，
於此乎。不而矯其耳目之欲，而從其心意之辟，外之敺騁田獵畢弋，
內湛於酒樂，而不顧其國家百姓之政。繁爲無用，暴逆百姓，遂失
其宗廟。其言不曰吾罷不肖，吾聽治不強；必曰吾命固將失之。雖
昔也三代罷不肖之民，亦猶此也。不能善事親戚君長，甚惡恭儉，
而好簡易，貪飲食而惰從事，衣食之財不足，是以身有陷乎飢寒凍
餒之憂。其言不曰吾罷不肖，吾從事不強，又曰吾命固將窮，昔三
代僞民，亦猶此也。昔者暴王作之，窮人術之，此皆疑眾遲樸，先
聖王之患之也，固在前矣。(〈非命下〉)

因此，他「立三表」，以「有本之者，有原之者，有用之者」(〈非命上〉)，即
「上本聖王之事」(〈天志中〉)、「下原察百姓耳目之實」(〈非命上〉)、「徵以
先王之書」(〈非命中〉)及「發以爲刑政，觀其中國家人民之利」(〈非命上〉)
等方法證明他的非命理論。墨子云：

〔註24〕〈非命上〉云：「執有命者之言曰：『上之所賞，命固且賞，非賢故賞也。』
上之所罰，命固且罰，不暴故罰也。是故入則不慈孝於親戚，出則不弟長於
鄉里，坐處不度，出入無節，男女無辨。是故治官府則盜竊，守城則崩叛，
君有難則不死，出亡則不送。……以此爲君則不義，爲臣則不忠，爲父則不
慈，爲子則不孝，爲兄則不良，爲弟則不弟。」〈非命下〉云：「今雖毋在乎
王公大人蕡若信有命而致行之，則必怠乎聽獄治政矣，卿大夫必怠乎治官府
矣，農夫必怠乎耕稼樹藝矣，婦人必怠乎紡績織紝矣。王公大人怠乎聽獄治
政、卿大夫怠乎治官府，則我以爲天下必亂矣。農夫怠乎耕稼樹藝，婦人怠
乎紡績織紝，則我以爲天下衣食之財，將必不足矣。」

〔註25〕〈非命下〉云：「曰命者，暴王所作，窮人所術，非仁者之言也。今之爲仁義
者，將不可不察，而強非者，此也。」

此世未易民未渝，在於桀紂，則天下亂；在於湯武，則天下治；豈可謂有命哉？（〈非命上〉）

我所以知命之有與亡者，以眾人耳目之情，知有與亡。有聞之，有見之，謂之有；莫之聞，莫之見，謂之亡。然胡不嘗考之百姓之情？自古以及今，生民以來者，亦嘗見命之物，聞命之聲者乎？則未嘗有也。（〈非命中〉）

先王之書太誓之言然曰：「紂夷之居，而不肯事上帝，棄闕其先神而不祀也。曰：『我民有命，毋僇其務。』」……有於三代不國有之曰：「女毋崇天之有命也，命三不國，亦言命之無也。」（同上）

今天下之士君子，中實將欲求興天下之利，除天下之害，當若有命者之言，不可不強非也，曰命者，暴王所作，窮人所術，非仁者之言也。今之為仁義者，將不可不察，而強非者，此也。（〈非命下〉）

天下治，是因湯武勤於政事；天下亂，是因桀紂荒於政事。古聖先賢的書中，沒有命定論的記載，人也沒見過命的形體、聽過命的聲音，再加上命定論不能使國家百姓得到利益，所以墨子加以批評與責難。

　　總之，墨子是從事實的觀察及功利主義的觀點去駁斥命定的思想〔註 26〕，以為人的富貴、貧賤、壽夭都只是天的賞罰，而不是天預定於人的命運。人的命運是自己的行為所造成的。

　　王充反對天有意志〔註 27〕，自然不認為人的富貴、貧賤、壽夭是天的賞

〔註 26〕胡適著，《中國古代哲學史》，第六篇，頁 12 云：「墨子以為無論何種事物、制度、學說、觀念，都有一個『為什麼』。換言之，事事物物都有一個用處。知道那事物的用處，方才可以知道他的是非善惡。為什麼呢？因為事事物物既然是為應用的，若不能應用，便失去了那事物的原意了，便應該改良了。」頁 30 亦云：「墨子在哲學史上的重要，只在於他的『應用主義』。他處處把人生行為上的應用，作為一切是非善惡的標準。兼愛、非攻、節用、非樂、節葬、非命，都不過是幾種特別的應用。」（臺北市：臺灣商務印書館股份有限公司，1958 年 3 月臺一版）馮友蘭著，《中國哲學史》，頁 117 亦云：「『功』『利』乃墨家哲學之根本意思。……此三表中，最重要者乃其第三。『國家百姓人民之利』，乃墨子估定一切價值之標準。凡事物必有所用，言論必可以行，然後為有價值。」（香港：太平洋圖書公司，1970 年 2 月出版）墨子思想主要目的及論證方式都著重於人民及國家的利益。他要非命，也是著眼於命定論不能利於國家及個人。

〔註 27〕〈變虛〉云：「夫天，體也，與地無異。」〈祀義〉云：「夫天，體也，與地同。」〈道虛〉云：「天之與地，皆體也。地無下，則天無上矣。」

罰。他以爲自然之氣是人生富貴、貧賤、壽夭等遭遇的決定因素，人的力量並無法改變自我的命運。他是墨子所說的「執有命者」（〈非命上〉），也同意有命論者「命富則富，命貧則貧」（同上），富貴貧賤不求自得的觀點，但他對這樣的觀點作了不同的詮釋。他說：

> 天命難知，人不耐審，雖有厚命，猶不自信，故必求之也。如自知，雖逃富避貴，終不得離。故曰：力勝貧，愼勝禍。勉力勤事以致富，砥才明操以取貴，廢時失務，欲望富貴，不可得也。雖云有命，當須索之。……富貴之福，不可求致；

> 貧賤之禍，不可苟除也。由此言之，有富貴之命，不求自得。（〈命祿〉）

命貴之人，其富貴雖是不求自得，但並不表示命貴之人無所事事、浪費時間，富貴就會從天而降。對王充來說，不求自得並不等於不做自成〔註28〕，與墨子所說的持有命論者深信命富者「可幽居俟時，不須勞精苦形求索之」（同上）的觀點相當不同。這樣的觀點使仲任的命運論在消極中尚帶有一絲積極的精神，也凸顯出其命運論與傳統命定論的不同之處。

五、孟子的立命論

孟子繼承傳統以來對天〔註29〕的重視，以爲天是最高的主宰，不但授命予天子〔註30〕，同時是個人命運的主宰。〈萬章上〉云：

> 丹朱之不肖，舜之子亦不肖。舜之相堯，禹之相舜也，歷年多，施澤於民久。啓賢，能敬承繼禹之道。益之相禹也，歷年少，施澤於

〔註28〕周桂鈿著，《虛實之辨──王充哲學的宗旨》，頁101。

〔註29〕馮友蘭將「天」的意義區分爲五類：物質之天，即與地相對之天；主宰之天，即所謂皇天上帝，有人格的天，帝；命運之天，乃人生中吾人所無奈何者；自然之天，指自然之運行；義理之天，指宇宙之最高原理。而孟子所說的天，除指主宰、命運之天外，也指義理之天。如孟子以「天之所與我者」言性，就是取天之義理義。參見其所著，《中國哲學史》，頁55、163、164。

〔註30〕〈萬章上〉云：「萬章曰：『堯以天下與舜，有諸？』孟子曰：『否。天子不能以天下與人。』『然則舜有天下也，孰與之？』曰：『天與之。』」又云：「人有言：『至於禹而德衰，不傳於賢而傳於子。』有諸？孟子曰：『否，不然也。天與賢，則與賢；天與子，則與子。昔者舜薦禹於天，十有七年，舜崩。三年之喪畢，禹避舜之子於陽城。天下之民從之，若堯崩之後，不從堯之子而從舜也。禹薦益於天，七年，禹崩。三年之喪畢，益避禹之子於箕山之陰。』」由此可知，孟子以爲天子之位是天所授予的。

> 民未久。舜、禹、益相去久遠，其子之賢不肖，皆天也，非人之所
> 能爲也。莫之爲而爲者，天也；莫之致而至者，命也。

賢能的堯、舜生出不肖的兒子，但禹的兒子啓卻能施恩澤於百姓，成爲媲美
父親的賢能君主。堯、舜、禹同樣的賢能，但兒子卻有賢與不肖之分，孟子
以爲這是人力所無法掌握的，是人的命運，也就是天意。

由於他自己周遊列國不受重用，因而感嘆曰：「吾之不遇魯侯，天也。臧
氏之子，焉能使予不遇哉？」（〈梁惠王下〉）所以，他認爲德行與貧賤、富貴
沒有必然的關係。〈萬章上〉云：

> 匹夫而有天下者，德必若舜、禹，而又有天子薦之者，故仲尼不有
> 天下。

與舜、禹同爲有德的孔子，因未獲天子的垂青，而無法一展長才，治理天下。
可見有德行的人未必飛黃騰達，貧賤、富貴完全取決於天，取決於命。但孟
子更體會到人除了有求之不可得之物外，也有求之可得之物。他說：

> 口之於味也，目之於色也，耳之於聲也，鼻之於臭也，四肢之於安
> 佚也，性也，有命焉，君子不謂性也。仁之於父子也，義之於君臣
> 也，禮之於賓主也，智之於賢者也，聖人之於天道也，命也，有性
> 焉，君子不謂命也。（〈盡心下〉）

人雖然天生喜好美好事物，如美味、美色、美聲及安逸等，但這些都是求之
未必可得，所以君子認爲得與不得都是命，不會勉強追求。仁、義、禮、智、
天道等，雖然也有得與不得之別，但卻是內在於我，求之可得者，所以君子
會努力追求，不將其視爲命。所以孟子說：

> 求則得之，舍則失之，是求有益於得也，求在我者也。求之有道，
> 得之有命，是求無益於得也，求在外者也。（〈盡心上〉）

人力可追求的就是內在於人的仁、義、禮、智、天道，是性。人力所不可追
求的就是外在於人的富貴爵祿，是命。性與命最大的分別在於性是人生命之
內的作用，而命則是在人之外，卻是能影響個人的力量〔註31〕。但命並不會
影響人性的善惡。〔註32〕

〔註31〕徐復觀著，《中國人性論史——先秦篇》，頁167。
〔註32〕〈告子上〉云：「仁義禮智，非由外鑠我也，我固有之也，弗思耳矣。故曰：
　　　　『求則得之，舍則失之。』或相倍蓰而無算者，不能盡其才者也。」孟子以
　　　　爲人性向善是「才」的表現，在人性以內。因此，對孟子而言，命並不會影
　　　　響人性之善惡。參見羅光著，〈中國哲學思想史（一）〉，頁358。

　　雖然人的德性與人的富貴榮華並沒有必然的關係，但孟子仍要人努力修德，追求仁、義、禮、智、天道。畢竟，這些才是人眞正求之可得的東西。而也唯有不受生命的限制，不問修德的結果，努力修善進德，發揮人內在的本性，才能俟命，才是立命。〈盡心上〉云：

> 盡其心者，知其性也。知其性，則知天矣。存其心，養其性，所以事天也。歹天壽不貳，修身以俟之，所以立命也。

〈盡心下〉亦云：

> 堯舜，性者也。湯武，反之也。動容周旋中禮者，盛德之至也；哭死而哀，非爲生者也；經德不回，非以干祿也；言語必信，非以正行也。君子行法，以俟命而已矣。

人不是爲了生者而哀悼死者。人依道德而行，不違背禮儀，並不是爲了求得祿位。人說話講求誠信，更不是爲了凸顯自身行爲的端正。君子行事，只是爲其所當爲，並不是爲了某種目的，也不須問行爲的結果，這就是「俟命」。而唯有修身，即盡心、知性，且存心、養性，才能知何者當爲，何者不當爲，即知天之所命，及其存在的眞正意義，而俟命，不怨天，不尤人，就是立命。

　　孟子所重視的是整個立命的功夫，而以人的努力與否去評斷「正命」與「非正命」。他說：

> 莫非命也，順受其正。是故知命者，不立乎巖牆之下。盡其道而死者，正命也。桎梏死者，非正命也。（〈盡心上〉）

雖然一切都是由命所決定，但人只要爲其所當爲，順理而行，努力盡道修德，壽終而死，就是正命。反之，如因犯罪而死，就是非正命。眞正知命的人不會不努力修德，而觸犯法律、違背道德，置自己於險境之中，就如眞正愛惜生命的人不會站在危牆之下，等待危牆倒塌。

　　總之，孟子重視人立命的修養功夫。人盡道而死，是正命；未盡道而死，則是非正命〔註33〕。換言之，人只要盡力追求人求之可得的事物，就是正命；未盡力追求，就是非正命。而貧賤、富貴、生死、夭壽等，都是由天、命所決定，不與人的努力有必然的關係，因此，他不由這些求之未必可得的事物上說命。

　　王充對孟子命運論的觀點有所取捨。孟子以爲德性與貧賤、富貴並沒有

<hr>

〔註33〕唐君毅著，《中國哲學原論——導論篇》，頁524。

必然的關係，仲任也深有同感。他說：

> 操行有常賢，仕官無常遇。賢不賢，才也；遇不遇，時也。才高行
> 絜，不可保以必尊貴；能薄操濁，不可保以必卑賤。……處尊居顯，
> 未必賢，遇也；位卑在下，未必愚，不遇也。（〈逢遇〉）

> 是故才高行厚，未可保其必富貴；智寡德薄，未可信其必貧賤。或
> 時才高行厚，命惡，廢而不進；知寡德薄，命善，興而超逾。（〈命
> 祿〉）

但仲任過份重視命對人貧賤富貴的影響，而不談人應如何面對命對人所造成
的限制。雖然仲任也提出正命，但並非如孟子就人努力與否的觀點去說，只
說「正命者至百而死」（〈命義〉）。仲任只繼承孟子有命的觀點，卻未繼承他
要人修身、立命的積極精神。消極的談命，是仲任不及孟子之處，而他的命
運論，實難作為人生的準則。

六、莊子的安命論

從《書經》、《詩經》到孟子，天一直具有人格，主宰人的命運。但由於
莊子受老子思想的影響，所以不重視天的主宰意義，而以自然為天的主要意
義。他說：

> 天地雖大，其化均也；萬物雖多，其治一也；人卒雖眾，其主君
> 也。君原於德而成於天。故曰：玄古之君天下，无為也，天德而已
> 矣。……无為為之之謂天。〔註34〕

天是無為，就是自然〔註35〕。天地的變化、萬物的創生，甚至人事的治理，
都是自然而成的。

隨著天內涵的改變，天與人由主宰者與被主宰者的關係，轉變為自然與
人為的關係〔註36〕。而莊子將「命」視為人無可奈何、不可了解、設法逃避

〔註34〕 王先謙、劉武撰，《莊子集解・莊子集解內篇補正》（臺北市：木鐸出版社，
1988年6月初版），〈天地〉，頁99～100。本論文所引用《莊子》的文字，皆
根據此版本，只註明篇名，不另加註。

〔註35〕 莊子也賦與自然之天一新的「超言說相對」的意義，即在說話時不由其所持
的觀點去說，而由另一超越的觀點去了解，如〈齊物論〉云：「是以聖人不由，
而照之於天，亦因是也。」其中「照之於天」的天就是這個意義。

〔註36〕 〈秋水〉云：「天在內，人在外。……牛馬四足，是謂天；落馬首，穿牛鼻，
是謂人。」牛馬有四足本是如此，即是自然，是天生，但在牛鼻上穿孔，是
人為、是外在的力量所為。因此，可見天與人的關係已轉變為自然與人為的

的遭遇。〈人間世〉云：

> 仲尼曰：「天下有大戒二：其一，命也；其一，義也。子之愛親，命也，不可解於心；臣之事君，義也，無適而非君也，無所逃於天地之間。是之謂大戒。」

人生最不易理解的不外乎是血緣親情及君臣之義。前者是與生俱來，是人所無法了解的，是命；後者是人所無法逃脫的人事，是義。但不論是天生的親情天倫，或是後天人事的君臣人倫，都是人無可奈何的遭遇，所以莊子都將之視爲「命」〔註37〕。而莊子進一步對「命」的內容作出如下的解釋：

> 遊於羿之彀中，中央者，中地也，然而不中者，命也。（〈德充符〉）

> 死生存亡，窮達貧富，賢與不肖，毀譽、饑渴、寒暑，是事之變，命之行也，日夜相代乎前，而知不能規乎其始者也。故不足以滑和，不可入於靈府。（同上）

> 求其爲之者而不得也，然而至此極者，命也夫！（〈大宗師〉）

> 不知吾所以然而然，命也。（〈達生〉）

無論是人的生死、貧富、才能、名聲、賢與不肖，甚至是後天環境所造成的傷殘美醜，都是無可奈何的遭遇，都是「命」。命對人的影響就如晝夜的交替循環般，是自然而然的，人只能知其然，卻不能知其所以然。它無偏私的對

關係。張立文著，《中國哲學範疇發展史（天道篇）》，頁76云：「天人關係即是自然本性與人爲的關係。」馮友蘭著，《中國哲學史新編》，共七冊，冊二，頁140亦云：「莊周哲學，接觸到兩個哲學中的重要問題：一個是人與自然的問題，一個是自由與必然的問題。……『天』和『人』的關係接觸到人和自然的關係的問題。」（臺北市：藍燈文化事業股份有限公司，1991年12月初版）雖然天已不再是人的主宰，但它仍能授命於人，對人造成影響。如〈德充符〉云：「受命於地，唯松柏獨也在冬夏青青；受命於天，唯舜獨也正，幸能正生，以正眾生。」〈山木〉亦云：「有人，天也；有天，亦天也。人之不能有天，性也。」

〔註37〕高柏園著，《莊子內七篇思想研究》，頁141云：「所謂之大戒，其實正是指天下之不可解、莫可逃之現實生命內容而言。其實，不可解、莫可逃實即是一莫可奈何的被給予者，其皆可名之曰『命』。然莊子於此區分義、命，顯然只是區分『自然而不可解』與『非自然而又不可逃』二義，……然其同爲莫奈人何無別。」（臺北市：文津出版社，1992年4月初版）王邦雄撰，〈道家思想的倫理空間——論莊子「命」「義」的觀念〉，頁1965云：「無所逃等同不可解，義也是命。」（《哲學與文化》，二十三卷九期，1996年9月）

眾人造成影響；人無法預測、理解，也不能逃避及抗拒。〔註38〕

　　莊子除了肯定命對人的影響外，也肯定在命之外還有「時」。〈繕性〉
云：

> 古之所謂隱士者，非伏其身而弗見也，非閉其言而不出也，非藏其
> 知而不發也，時命大謬也。當時命而大行乎天下，則反一無亦；不
> 當時命而大窮乎天下，則深根寧極而待。此存身之道也。

〈秋水〉亦云：

> 孔子曰：「來！吾語女。我諱窮久矣，而不免，命也；求通久矣，而
> 不得，時也。當堯、舜而天下无窮人，非知得也，當桀、紂而天下
> 无通人，非知失也，時勢適然。……知窮之有命，知通之有時，臨
> 大難而不懼者，聖人之勇也。」

古時的隱者並非要緘其口、隱其行，主要是因時勢不容他們施展才華，所以
才退隱山林，以保全性命。而堯舜時代沒有失意不得志之人，反之，桀紂時
代不得志者卻多如牛毛。這並不是因為人民有智愚之分，而是由時勢所造成
的。人除了有「命」，也受「時」的影響。因此，莊子要人「知窮之有命，知
通之有時」（〈秋水〉），如此，在遇到大難時，才能毫無畏懼。

　　命是人不可逃、也不可解的遭遇，是自然而成的。對於自然，人無法逃
避或抗拒，所以莊子要人「晏然體逝而終矣」（〈山木〉），即要人順應自然的
變化。既然命是人所無法抗拒及逃避的，因此，莊子主張人應順命、安命。
〈秋水〉云：

> 无以人滅天，无以故滅命〔註39〕，无以得殉名。謹守而勿失，是謂

〔註38〕〈大宗師〉云：「子輿與子桑友，而霖雨十日。子輿曰：『子桑殆病矣！』裏
飯而往食之。至子桑之門，則若歌若哭，鼓琴曰：『父邪！母邪！天乎！人乎！』
有不任其聲，而趨舉其詩焉。子輿入，曰：『子之歌詩，何故若是？』曰：『吾
思夫使我至此極者而弗得也。父母豈欲吾貧哉？天无私覆，地无私載，天地
豈私貧我哉？求其為之者而不得也。然而至此極者，命也夫！』」〈田子方〉
云：「日出東方而入於西極，萬物莫不比方。有目有趾者，待是而後成功，是
出則存，是入則亡。萬物亦然，有待也而死，有待也而生。吾一受其成形，
而不化以待盡。效物而動，日夜无隙，而不知其所終。薰然其成形，知命不
能規乎其前，丘以是日徂。」可見命的影響普及每個人，且人對命運是無法
預測的。

〔註39〕徐復觀以為「無以人滅天，無以故滅命」之「故」是後起的生活習慣。參閱
其所著，《中國人性論史——先秦篇》，頁376。馮友蘭以為「故」是「智」、
「巧」、「謀」一類的東西，是跟「命」對立的。參閱其所著，《中國哲學史新

反其眞。

〈達生〉云：

> 達生之情者，不務生之所无以爲；達命之情者，不務知之所无奈何。

〈列禦寇〉亦云：

> 知慧外通，勇動多怨，仁義多責。達生之情者傀，達於知者肖；達大命者隨，達小命者遭。

了解生命眞諦的人，不會去追求生命中所不必要的事；了解命運眞諦的人，不會去做無所謂的事。因此，人不應企圖以人的作爲去逃避、抗拒命。通達大命的人，會順應自然；通達小命的人，會隨遇而安。人最高的德行就是不去對抗，而安於自身的命運。即使是面對後天環境等因素所造成的不幸，也能「安之若命」。莊子即云：

> 知其不可奈何而安之若命，德之至也。（〈人間世〉）

> 知不可奈何而安之若命，惟有德者能之。（〈德充符〉）

但莊子要人安命、順命的目的是在於要人擺脫生死富貴等對人的意義。人體會到事物的變化、人生的遭遇都是自然如此的道理，便不會再對生死喜悅、悲傷，也不會再對貧富有所追求〔註40〕。莊子體會這種道理，所以對其妻子之死能「鼓盆而歌」。〔註41〕

王充同意莊子的看法，以爲人除了受「命」的影響，也受「時」的限制。他說：

> 操行有常賢，仕宦無常遇。賢不賢，才也；遇不遇，時也。（〈逢遇〉）

> 故夫臨事知愚，操行清濁，性與才也；仕宦貴賤，治產貧富，命與

編》，冊二，頁142。總之，「故」就是與命、自然相對的人爲。

〔註40〕 羅光著，《中國哲學思想史（一）》，頁440云：「莊子的安命稱爲至德；至德在於超出形骸以外，認清事物的變化爲『道』的自然生化，生死貧富沒有特別的意義，一切都是一樣。」

〔註41〕 〈至樂〉云：「莊子妻死，惠子弔之，莊子則方箕踞鼓盆而歌。惠子曰：『與人居長子，老身死，不哭亦足矣，又鼓盆而歌，不亦甚乎！』莊子曰：『不然。是其始死也，我獨何能无概然！察其始而本无生，非徒无生也，而本无形，非徒无形也，而本无氣。雜乎芒芴之間，變而有氣，氣變而有形，形變而有生，今又變而之死，是相與爲春秋冬夏四時行也。人且偃然寢於巨室，而我噭噭然隨而哭之，自以爲不通乎命，故止也。』」

時也。命則不可勉，時則不可力，知者歸之於天，故坦蕩恬忽。（〈命
祿〉）

人的智愚、操行的好壞，取決於人的本性及才能，但官位的高低、貧富的差
別，卻取決於個人的命運及時勢。命所注定的，人不可以強求；時勢所決定
的，人力也無法改變。但仲任提出其命運論的目的，在於抒發他對自身遭遇
的無奈和不幸，而莊子的命運論則旨在勉人看透和擺脫生死、富貴，以達逍
遙自在之境。故莊子能安命，而王充只能怨命，藉此爲其自命不凡，卻又遭
受冷落的處境自圓其說。

七、荀子的制命論

主宰人命運的人格天，到老子、莊子時，已轉變爲自然之天。荀子雖然
也承認主宰及義理之天的存在〔註42〕，但由於受到老子及莊子思想所影響，
故特別重視沒有意志、沒有目的的自然之天〔註43〕。〈天論〉云：

天行有常，不爲堯存，不爲桀亡。

不爲而成，不求而得，夫是之謂天職。

列星隨旋，日月遞炤，四時代御，陰陽大化，風雨博施，萬物各得
其和以生，各得其養以成，不見其事，而見其功，夫是之謂神。皆
知其所以成，莫知其無形，夫是之謂天功。

天不爲人之惡寒也輟冬，地不爲人之惡遼遠也輟廣，君子不爲小人
之匈匈也輟行。天有常道矣，地有常數矣，君子有常體矣。

天指自然界的現象〔註44〕，其運行變化，均有客觀的規律。它不會因人的行

〔註42〕 李滌生著，《荀子集釋》，〈榮辱〉云：「夫天生蒸民，有所以取之。」〈大略〉
云：「天之生民，非爲君也；天之立君，以爲民也。」（臺北市：臺灣學生書
局，1979 年 2 月初版），頁 60、622。本論文所引用《荀子》的文字，皆根據
此版本，只註明篇名，不另加註。這裏所言之天，就是主宰之天。又〈不
苟〉云：「君子大心則天而道。」此處之天則爲一理境或合理的表現。參閱李
杜著，《中西思想中的天道與上帝》，頁 173。可見，荀子也說主宰及義理之
天。

〔註43〕 馮友蘭著，《中國哲學史》，頁 355 云：「荀子所言之天，則爲自然之天，此蓋
亦由於《老》《莊》之影響也。」

〔註44〕 荀子所說的自然之天，除了指自然現象外，也指天地萬物，及人的形體百官。
參見林麗眞著，〈荀子〉，收錄於《中國歷代思想家【二】──墨子、商鞅、
莊子、孟子、荀子》中（臺北市：臺灣商務印書館股份有限公司，1999 年 6
月更新版二刷），頁 273。

為、意志或願望而改變。它使萬物生成，但「不為而成」、「不求而得」，即無所作為及無目的。因此，荀子認為人世間的治亂及個人命運的吉凶禍福都是由人所造成的，與天無關。〈天論〉云：

> 彊本而節用，則天不能貧；養備而動時，則天不能病；脩道而不貳，則天不能禍。故水旱不能使之飢〔渴〕，寒暑不能使之疾，祅怪不能使之凶。本荒而用侈，則天不能使之富；養略而動罕，則天不能使之全；倍道而妄行，則天不能使之吉。故水旱未至而飢，寒暑未薄而疾，祅怪未至而凶。受時與治世同，而殃禍與治世異，不可以怨天，其道然也。故明於天人之分，則可謂至人矣。
>
> 治亂，天邪？曰：日月星辰瑞厤，是禹桀之所同也，禹以治，桀以亂；治亂非天也。

日月星辰的運行，在禹和桀的時代都一樣，但禹統治時是太平盛世，桀統治時卻天下大亂，可見日月星辰的運行與治亂毫不相干。故人若能發揮後天的努力，自然能遠離貧窮及災禍。反之，就算沒有天災等外在因素的影響，也可能遭致禍患。總之，人的行為才是造成治亂、貧賤、富貴、吉凶的主因。

禍福既然不是天的獎賞或懲罰，而是人的行為後果，所以自然界的異象及卜筮、祈禱並不能預告或改變人的命運〔註45〕。對於流行於當時的「相人」之術，即以人的相貌及骨骼判斷其貴賤、禍福，荀子也加以反對。他說：

> 相人，古之人無有也，學者不道也。……故相形不如論心，論心不如擇術〔註46〕；形不勝心，心不勝術；術正而心順之，則形相雖惡而心術善，無害為君子也。形相雖善而心術惡，無害為小人也。君子之謂吉，小人之謂凶。故長短大小，善惡形相，非吉凶也。（〈非相〉）

他不認為人的形相與人的命運有關，人自身的行為才是影響命運的主因。

〔註45〕〈天論〉云：「星墜木鳴，國人皆恐。曰：是何也？曰：無何也！是天地之變，陰陽之化，物之罕至者也。怪之，可也；而畏之，非也。夫日月之有蝕，風雨之不時，怪星之黨見，是無世而不常有之。」又云：「雩而雨，何也？曰：無何也，猶不雩而雨也。日月食而救之，天旱而雩，卜筮然後決大事，非以為得求也，以文之也。故君子以為文，而百姓以為神。以為文則吉，以為神則凶也。」

〔註46〕馮友蘭以為荀子所說的「術」，是指一個人的思想方法和他在行為上所遵循的道路。參見其所著，《中國哲學史新編》，冊二，頁408。

　　雖然荀子一再肯定人的行為在命運中所扮演的角色，仍不得不承認在現實中也有德與命不相稱、人力所無法掌握的情況。因此，他把德命不相稱的情況歸之於偶然〔註47〕，而把人與其遭遇的關係稱之為「命」。〔註48〕

　　天已不再是人命運的主控者，所以人也應改變對天的態度，不應再順天〔註49〕。因此，荀子提出「制天命而用之」（〈天論〉），不同於傳統的新見解。他說：

> 大天而思之，孰與物畜而制之；從天而頌之，孰與制天命而用之；望時而待之，孰與應時而使之；因物而多之，孰與騁能而化之；思物而物之，孰與理物而勿失之也；願於物之所以生，孰與有物之所以成。故錯人而思天，則失萬物之情。（同上）

掌握自然的變化規律，且以人力使萬物欣欣向榮，比等待天賜、順從自然獲得更多的利益。畢竟，自然是無意志的，它並不會因人的需要而有所改變。唯有主動的去了解、利用其規律，才可以使萬物為自己所用、為自己所有，使萬物獲得最大的發展。總之，人雖一方面依靠自然，另一方面卻可以控制及改變自然〔註50〕。人的本份是掌握自然，以利人事，而不是去理解天之所以然。〔註51〕

〔註47〕〈天論〉云：「楚王後車千乘，非知也；君子啜菽飲水，非愚也；是節然也。」

〔註48〕〈正名〉云：「節遇謂之命。」唐君毅著，《中國哲學原論——導論篇》，頁534 云：「而命之所指，乃唯是一赤裸裸之現實的人與所遇之境之關係。」

〔註49〕勞思光著，《中國哲學史》，共三卷，卷一，頁284 云：「是明言天並不非人之主宰矣。如此，則人不應順天，『天』亦非價值根源。」（臺北市：三民書局股份有限公司，1981 年 1 月初版）

〔註50〕馮友蘭著，《中國哲學史新編》，冊二，頁407。牟宗三著，《名家與荀子》，頁214 云：「荀子之天是負面的。因是負面的，故在被治之列，亦如性之被治然。」（臺北市：臺灣學生書局，1982 年 5 月再版）

〔註51〕〈天論〉云：「暗其天君，亂其天官，棄其天養，逆其天政，背其天情，以喪天功，夫是之謂大凶。聖人清其天君，正其天官，備其天養，順其天政，養其天情，以全其天功。如是，則知其所為，知其所不為矣；則天地官而萬物役矣。其行曲治，其養曲適，其生不傷，夫是之謂知天。」李澤厚著，《中國古代思想史論》，頁133 云：「事在人為，命運非由『天』定，『天』不能主宰人事，所以不必去探究『天』的奧秘，只需弄明人的規律就夠了。……荀子不求了解和重視與人事無關的自然，而要求了解和重視與人事相關，或能用人事控制和改造的自然。」（臺北市：風雲時代出版公司，1990 年 8 月初版）蔡仁厚著，《孔孟荀哲學》，頁377 亦云：「在天人之分的原則下，人只應『知其所為，知其所不為』，而無須在『象、宜、數、利』之外，再去探究天

在荀子的思想中，主宰人命運的天已轉變成被人利用的角色，而人的力量也成為控制個人貧賤、禍福及國家治亂的主角。透過「制天命而用之」（〈天論〉）的說明，荀子證明了人能掌握自我的命運。〔註52〕

荀子「天行有常」（同上）、「節遇謂之命」（〈正名〉）與「偶然」等觀點都被王充加以吸收與發展。他說：

> 夫天地合氣，人偶自生也；猶夫婦合氣，子則自生也。……夫天不能故生人，則其生萬物，亦不能故也。天地合氣，物偶自生矣。（〈物勢〉）

> 命，吉凶之主也，自然之道，適偶之數，非有他氣旁物厭勝感動使之然也。（〈偶會〉）

> 凡人稟命有二品：一曰所當觸值之命，二曰強弱壽夭之命。（〈氣壽〉）

天無意志，不能創生人。人的形成只是因氣的偶然結合，而自然形成。在人的生命中，命是人吉凶禍福的命運主宰。它是偶然形成的，有「所當觸值之命」及「強弱壽夭之命」之分。而仲任所說的「所當觸值之命」，與荀子所言之「節遇謂之命」雷同。〔註53〕

荀子透過天之自然義，肯定人可以「制天命」，掌握自我的命運。因此，他對妨礙人努力的理論，如「相人之術」及星宿影響治亂的說法都加以駁斥。仲任與荀子同樣肯定無意志、自然之天，也說天不受人影響，但他對自然之天的肯定，主要目的是在於反對當時流行的「天人感應」之說，及為其命運不可改的觀點提供理論基礎，可知兩者的目的並不相同。

此外，仲任也肯定由骨相可以察知人命運的知命之術〔註54〕，並主張人及國家都受自然之天，即星宿的影響。〈命義〉云：

> 國命繫於眾星。列宿吉凶，國有禍福。

之所以然。」
〔註52〕唐君毅著，《中國哲學原論──導論篇》，頁 534～535 云：「荀子之天命，為人之所治所制之對象。天時時生物，以與人遇，即人時時有節遇之命。人時時有節遇之命，人即時時有其治物、理物之事，即人之時時制天命而用之也。則荀子之言制天命，正略近今人所謂制環境，控制命運之說。」
〔註53〕唐君毅著，《中國哲學原論──導論篇》，頁 534。
〔註54〕〈骨相〉云：「人命稟於天，則有表候見於體。察表候以知命，猶察斗斛以知容矣。表候者，骨法之謂也。」

　　至於富貴所稟，猶性所稟之氣，得眾星之精。眾星在天，天有其象，
　　得富貴象則富貴，得貧賤象則貧賤。……貴或秩有高下，富或資有
　　多少，皆星位尊卑小大之所授也。

這卻是荀子所極力反對的。可見仲任的命運論雖對荀子的觀點多所吸收，卻
因本身遭遇及經驗的影響，使他一再否定人可改變命運，只談論命運對人的
消極限制，而不談人面對命運所應有的積極態度，進而以眾星言命，這實為
其命運論的一大敗筆。

第二節　兩漢時期命運論的發展

　　先秦命運思想從《詩經》、《書經》的天命觀，漸漸發展為荀子的制命論。
由於晚周及秦之學者，將性與命二概念合併而說，及戰國後期學術思潮出現
相互吸收及融合的新趨勢，使得命運論的思想在兩漢除了持續的發展外，也
有不同的面貌及關注的問題〔註55〕。因此，本節即以《淮南子》、董仲舒、揚
雄的命運論及班彪的〈王命論〉為代表，說明兩漢時期命運論發展的面貌，
及了解王充命運論的思想淵源。

一、《淮南子》的命運論

　　《淮南子》是繼秦代《呂氏春秋》後的另一部由眾多學者撰寫而成的集
體創作。由於西漢初年，道家、陰陽家思想流行，及學者習於將各家之說
相互融合，因此《淮南子》充斥著道家及陰陽家天人感應、陰陽五行的思想
〔註56〕。雖然如此，《淮南子》的思想主要仍是傾向於道家，其命運論更是繼

〔註55〕唐君毅著，《中國哲學原論──導論篇》，頁540云：「至晚周及秦之學者，乃
　　　　合性命為一名，而以人性承天之本命，以至於命之思想盛。」李澤厚著，《中
　　　　國古代思想史論》，頁160云：「自戰國後期起，它們在長期相互抵制、頡頏
　　　　和論辯中，出現了相互吸收、融合的新趨勢。從荀子到《呂氏春秋》，再到《淮
　　　　南鴻烈》和《春秋繁露》，這種情況非常明顯。」頁167亦云：「而如何把遵
　　　　循客觀自然法則（道家、陰陽家所注重）與發揮主觀能動力量（儒家、法家
　　　　所注重）結合起來，倒正是漢代思想所要處理的一個要害問題。」可見，兩
　　　　漢時期命運論思想除持續發展外，也由於融合各家學術的新趨勢，使得命運
　　　　論有新的面貌及關注的焦點。
〔註56〕徐復觀以為《淮南子》雖深受道家思想影響，但其中的道家思想，與當時流
　　　　行的「黃老」道家思想並不相同。參見其所著，《增訂兩漢思想史》，卷二，
　　　　頁184～185。

承莊子將性、命二概念連用的觀點,以性命為生命〔註57〕。〈原道訓〉云:

> 夫得道已定,而不待萬物之推移也,非以一時之變化,而定吾所以
> 自得也。吾所謂得者,性命之情,處其所安也。夫性命者,與形俱
> 出其宗,形備而性命成,性命成而好憎生矣。〔註58〕

生命與形體同出一宗。形體成,生命也形成;生命形成,好惡憎厭等心理狀態和情感也隨之而生。但人所需要滿足的,不外乎生命中的基本需求,如果貪得無厭,反而得不到真正的滿足。〈俶真訓〉云:

> 嗜欲連於物,聰明誘於外,而性命失其得。

除了將性、命相連代表生命外,《淮南子》也將性與命作簡單的分別。〈俶真訓〉云:

> 古之聖人,其和愉寧靜,性也;其志得道行,命也。是故性遭命而
> 後能行,命得性而後能明。

〈繆稱訓〉云:

> 性者,所受於天也;命者,所遭於時也。有其材,不遇其世,天也。
> 太公何力,比干何罪,循性而行指,或害或利求之有道,得之在命。

先哲前賢清靜無為的個性,是人受之於天的本性〔註59〕;其志是否能行於世,是由「時」所決定,是命。性是內在於人的天性,命是外在於人的行為限制。但性與命的關係是互補互濟,性依必然之命而踐行,命得清靜之性而明白〔註60〕,即人能透過不同的際遇,發揮清靜無為的本性,反之,也能透過這種本性,了解命的真正意義。

　對於人事的禍福,《淮南子》繼承老子「禍兮福之所倚,福兮禍之所伏」〔註61〕的觀點,以為禍福會相轉化。〈人間訓〉云:

〔註57〕 張立文著,《中國哲學範疇發展史(人道篇)》,頁12云:「《淮南子》思想基本傾向於道家,其性命之論上承《莊子》外雜篇,近繼《呂氏春秋》,以性命為生命。」(臺北市:五南圖書出版有限公司,1997年1月初版一刷)

〔註58〕 劉安著,劉文典撰,《淮南鴻烈集解》(臺北市:文史哲出版社,1992年10月再版),頁39。本論文所引用《淮南子》的文字,皆根據此版本,只註明篇名,不另加註。

〔註59〕 〈人間訓〉云:「清靜恬愉,人之性也。」

〔註60〕 張立文著,《中國哲學範疇發展史(人道篇)》,頁13。

〔註61〕 吳怡著,《新譯老子解義》(臺北市:三民書局股份有限公司,1998年9月三版),第五十八章,頁364。本論文所引用《老子》的文字,皆根據此版本,只註明章數,不另加註。祝瑞開亦認為《淮南子》繼承老子禍福相轉化的思想。參見其所著,《兩漢思想史》,頁107。

> 夫禍之來也，人自生之；福之來也，人自成之。禍與福同門，利與
> 害爲鄰，非神聖人，莫之能分。凡人之舉事，莫不先以其知規慮揣
> 度，而後敢以定謀。其或利或害，此愚智之所以異也。

禍福是會相轉化，智者在有所作爲前，會先對事物作詳細的分析，了然事物
所顯之兆，然後才有所行動，藉此掌握事物的禍福。所以《淮南子》強調人
世間的禍福是人自己可掌握的，與命無關。但由於《淮南子》從各別的事例，
引證禍福相轉化、吉凶在人的觀點，且受陰陽五行思想所影響，所以其中也
出現人體的內在運作影響外在禍福、禍福轉化不可知與人間禍福的決定者是
天的矛盾觀點〔註62〕，同時產生掌握禍福的對象只限聖人、智者，不能普及
於眾人等問題。

　　大致來說，《淮南子》並未對命的內容作詳細的規定，只說「命者，所遭
於時也」（〈繆稱訓〉）、「其志得道行，命也」（〈俶眞訓〉）。雖然如此，但它肯
定人有掌握人事禍福的觀點，卻爲後來學者所紛紛加以吸收及發展〔註63〕。
在這樣重視人主觀能動性的時代，王充卻一味堅持：「自王公逮庶人，聖賢及
下愚，凡有首目之類、含血之屬，莫不有命」（〈命祿〉），這種過份強調命對
人，甚至對萬物影響的論點，雖然凸顯其命運論獨具一格之處，但也顯露其
論點的缺失。

二、董仲舒的命運論

　　董仲舒爲天人感應學說的倡導者，爲了替漢代君王鞏固王權，他特別延襲

〔註62〕〈精神訓〉云：「精神馳騁於外而不守，則禍福之至，雖如丘山，無由識之
　　　　矣。使耳目精明玄達而無誘慕，氣志虛靜恬愉而省嗜欲，五藏定寧充盈而不
　　　　泄，精神內守形骸而不外越，則望於往世之前，而視於來事之後，猶未足爲
　　　　也，豈直禍福之間哉。」李增亦認爲《淮南子》以爲人身體內的形、氣、
　　　　神、志彼此的運作，會影響人外在行爲的成敗、禍福及善惡。參見其所著，
　　　　《淮南子》（臺北市：東大圖書股份有限公司，1992年7月初版），頁23。
　　　　〈人間訓〉云：「橫禍至者，皆天也，非人也。」「福之爲禍，禍之爲福，化
　　　　不可極，深不可測。」〈繆稱訓〉云：「禍福非我也。」〈詮言訓〉亦云：「禍
　　　　福之制，不在於己。」由此可見《淮南子》對禍福轉化、吉凶在人的觀點並
　　　　不一致。金春峰以爲《淮南子》試圖以個人的命運爲例，引出一規律的結
　　　　論，自然會產生觀點不一致的矛盾觀點。參見其所著，《漢代思想史》，頁
　　　　241。
〔註63〕揚雄云：「吉人凶其吉，凶人吉其凶。」（《法言·問明》）班彪云：「窮達有命，
　　　　吉凶由人。」（〈王命論〉）兩者所言正是王充極力反對的。參見本章〈揚雄的
　　　　命運論〉及〈班彪的〈王命論〉〉。

先秦的傳統天命觀，論證君權神授，以達到其鞏固王權的主要目的〔註64〕。
〈順命〉云：

> 天子受命於天，諸侯受命於天子，子受命於父，臣妾受命於君，妻
> 受命於夫。諸所受命者，其尊皆天也，雖謂受命於天亦可。

天受命於天子，而人世間的人倫分別也就此形成。對董仲舒而言，天命就是
天的命令，就是命。〔註65〕

在這樣的理論基礎下，人與天恢復到密不可分的關係，天再次是人命運
的主要影響力，主宰著一切自然變化、人事的吉凶禍福，甚至是人的善惡本
性。他說：

> 人之受命於天也，取仁於天而仁也，是故人之受命天之尊。（〈王道
> 通三〉）

> 人受命於天，有善善惡惡之性，可養而不可改，可豫而不可去。（〈玉
> 杯〉）

但由於董仲舒以為人與天是同類，是位於同等的地位，會相互感應〔註66〕，
因此，雖然天影響人的命運，但並不完全是命運的主宰者，可隨著自己的喜
好而降禍福以為人的賞罰。人事的吉凶禍福，最終的依據是自身的行為。
他說：

> 天有陰陽，人亦有陰陽，天地之陰氣起，而人之陰氣應之而起，人
> 之陰氣起，天地之陰氣亦宜應之而起，其道一也。……非獨陰陽之
> 氣，可以類進退也。雖不祥禍福所從生，亦由是也。無非己先起之，
> 而物以類應之而動者也。（〈同類相動〉）

> 人下長萬物，上參天地，故其治亂之，故動靜順逆之氣，乃損益陰
> 陽之化，而搖蕩四海之內。（〈天地陰陽〉）

〔註64〕金春峰以為董仲舒為論證君權神授，因此沿襲傳統的天命觀。他對天命的觀
點，並不是自我的創見。參見其所著，《漢代思想史》，頁148。
〔註65〕《漢書·董仲舒傳》，頁2515云：「天令之謂命。」
〔註66〕〈為人者天〉云：「為生不能為人，為人者，天也。人之人本於天，天亦人之
曾祖父也。此人之所以乃上類天也。」〈同類相動〉云：「試調琴瑟而錯之，
鼓其宮，則他宮應之，鼓其商，而他商應之，五音比而自鳴，非有神，其數
然也。美事召美類，惡事召惡類，類之相應而起也，如馬鳴則馬應之，牛鳴
則牛應之。」又云：「天有陰陽，人亦有陰陽，天地之陰氣起，而人之陰氣應
之而起，人之陰氣起，天地之陰氣亦宜應之而起，其道一也。」由於人與天
是同類，處於同等的地位，所以天人可相互影響。

人有「參天」，即影響天的力量。人的行為，決定了天是降禍或是降福，也能因積極的努力改變不利的情勢〔註 67〕。這樣的說法，顯示其天人感應理論與傳統天命觀的不同〔註 68〕，及其強調人主觀能動性的精神。他更進一步的說：

> 事在彊勉而已矣，彊勉學問，則聞見博而知益明；彊勉行道，則德日起而大有功：此皆可使還至而（立）有效者也。

> 天令之謂命，命非聖人不行；質樸之謂性，性非教化不成；人欲之謂情，情非度制不節。

但這並不表示人可任意妄為，人仍必需法天之行，遵守客觀規律，即天意，如此才能得福避禍〔註 69〕。可見在肯定人的力量的同時，董子提出「法天」的觀點，藉此限制人民的行為及皇帝的權利。

董仲舒除了以「天之令」說命外，也以「變」的觀點說命。〈重政〉云：

> 人始生有大命，是其體也。有變命存其間者，其政也。政不齊，則人有忿怒之志，若將施危難之中，而時有隨遭者，神明之所接，絕屬之符也。

人有大命，即不變之命，也有相對於此的變命。變命的決定因素是政治。政治清明，賞罰分明，則行善可賞，作惡可罰；反之，政治昏亂，是非不分、賞罰不公，則行善可能遇禍，作惡卻可能得福。漢時所普遍流行的三命說，由此可窺見其雛型〔註 70〕。無論如何，變命的觀點，仍是強調人的作為對命

〔註 67〕〈玉英〉云：「齊桓憂其憂而立功名，推而散之。凡人有憂而不知憂者凶，有憂而深憂之者吉。」

〔註 68〕徐復觀以為，周以前人的禍福是天、帝的人格神所決定，即使周初，人格神退於監督人事禍福的地位，人有自己行為的決定權，但人仍不能影響天。但在董仲舒的理論下，天與人居於同等地位且相互影響。這是董仲舒與傳統的天命觀最大不同之處。參見其所著，《增訂兩漢思想史》，卷二，頁 397。

〔註 69〕〈王道通三〉云：「人主當喜而怒，當怒而喜，必為亂世矣。是故人主之大守，在於謹藏而禁內，使好惡喜怒，必當義乃出。若暖清寒暑之必當其時乃發也。人主掌此而無失，使乃好惡喜怒，未嘗差也。如春秋冬夏之未嘗過也，可謂參天矣。」〈順命〉云：「天子不能奉天之命，則廢而稱公，王者之後是也。公侯不能奉天子之命，則名絕而不得就位，衛侯朔是也。子不奉父命，則有伯討之罪，衛世子蒯聵是也。臣不奉君命，雖善以叛。言晉趙鞅入于晉陽，以叛是也。妾不奉君之命，則媵女先至者是也。妻不奉夫之命，則絕夫不言及是也。曰：不奉順於天者，其罪如此。」

〔註 70〕《白虎通義・壽命》云：「命者，何謂也？人之壽也，天命以使生者也。命有三科以記驗。有壽命以保度，有遭命以遇暴，有隨命以應行。」王充亦云：「傳

運的影響。

　　由於董仲舒強調天人感應是為了宣揚人能影響天，因此，在他的學說中反而十分強調及肯定人的主觀能動性〔註71〕。仲任在反省董子的論點後，雖然仍堅持命對人的影響，但也重新思考人主觀能動性的問題，因此他提出「性」，並將「性」等同於「命」，透過性可改的觀點，對其命運論作一修正，這也間接肯定人的後天努力。

三、揚雄的命運論

　　在西漢諸子中，王充對揚雄有頗高的評價。〈超奇〉云：

　　　近世劉子政父子、楊子雲、桓君山，其猶文、武、周公併出一時也，
　　　其餘直有，往往而然，譬珠玉不可多得，以其珍也。

〈佚文〉亦云：

　　　玩楊子雲之篇，樂於居千石之官。

王充既對揚雄的著作讚嘆不已，對其思想自然有相當的了解及繼承。尤其是他的命運論，更與揚雄有明顯相似之處。

　　揚雄對命運的看法，表現在早期的賦作〈反離騷〉中。《漢書·揚雄傳》云：

　　　先是時，蜀有司馬相如，作賦甚宏麗溫雅，雄心狀之，每作賦，常
　　　擬之以為式。又怪屈原文過相如，至不容，作〈離騷〉，自投江而死，
　　　悲其文，讀之未嘗不流涕也。以為君子得時則大行，不得時則龍蛇，
　　　遇不遇命也，何必湛身哉。乃作書，往往摭〈離騷〉文而反之，自
　　　岷山投諸江流以弔屈原，名曰〈反離騷〉。

他以為人的遇與不遇，完全是「命」。屈原的才能勝過司馬相如，雖然不能見容於世，但也不必輕生。因此，他作〈反離騷〉，透過一種與前賢「對話」的方式，對〈離騷〉的思想提出質疑、反詰和遺憾之情〔註72〕，說明士人該如

日：『說命有三：一曰正命，二曰隨命，三曰遭命。』正命，謂本稟之自得吉也。性然骨善，故不假操行以求福而吉自至，故曰正命。隨命者，戮力操行而吉福至，縱情施欲而凶禍到，故曰隨命。遭命者，行善得惡，非所冀望，逢遭於外，而得凶禍，故曰遭命。」（〈命義〉）董仲舒所言的「大命」，就是正命，「若將施危難之中，而時有隨遭者」（〈重政〉）的「隨」「遭」，就是隨命及遭命。

〔註71〕李澤厚著，《中國古代思想史論》，頁179～180。
〔註72〕沈冬青著，《揚雄——從模擬到創新的典範》（臺北市：幼獅文化事業公司，

何進退，及抒發個人對命運的看法。〈反離騷〉云：

> 夫聖哲之〔不〕遭兮，固時命之所有。雖增欷以於邑兮，吾恐靈修
> 之不累改。昔仲尼之去魯兮，斐斐遲遲而周邁，終回復於舊都兮，
> 何必湘淵與濤瀨。溷漁父之餔歠兮，絜沐浴之振衣，棄由、聃之所
> 珍兮，蹠彭咸之所遺。〔註73〕

他以孔子及老子為例，說明屈原不必因不用於世而輕生，即聖哲不遇於世，
乃時命所致，與其怨嘆或是輕生，不如坦然面對。揚雄這樣的命運觀，不
僅受其早年遭遇的影響〔註74〕，同時也為自己早年的「不遇」找到了合理的
解釋〔註75〕。但後來的出仕經驗，幫助他了解不遇的原因在於時代的因素
〔註76〕，所以不再以「遇不遇，命也」的解釋來安慰自己。在晚期的著作
中，他對命作了更深入的剖析：

> 或問命。曰：命者，天之命也，非人為也，人為不為命。請問人為。
> 曰：可以存亡，可以死生，非命也，命不可避也。或曰：顏氏之子、
> 冉氏之孫？曰：以其無避也，若立巖牆之下，動而徵病，行而招死，
> 命乎，命乎；吉人凶其吉，凶人吉其凶。〔註77〕

1993 年 12 月初版），頁 32。

〔註73〕揚雄著，〈反離騷〉，收錄於《漢書・揚雄傳》，頁 3521 中。

〔註74〕《漢書・揚雄傳》云：「初，雄年四十餘，自蜀來游至京師。大司馬車騎將軍
王音奇其文雅，召以為門下史。薦雄待詔，歲餘，奏〈羽獵賦〉，除為郎，給
事黃門，與王莽、劉歆並。」揚雄自幼家貧，早年並無官職。一直到成帝年
間，才因成帝以為其賦類似司馬相如，而被延攬入閣，在朝為官。可見，揚
雄因早年不遇，所以才會有「聖哲之不遭兮，固時命之所有」、「遇不遇，命
也」的看法。徐復觀亦認為，揚雄創作〈反離騷〉，只是寫出運命壓抑下的真
實感受，文中所表現的是他本身生命感情的實感。參閱其所著，《增訂兩漢思
想史》，卷二，頁 468。

〔註75〕沈冬青認為揚雄著作〈反離騷〉的時間，正是孔子所言「三十而立」的時期，
此時，他仍滯留家鄉，沒沒無聞，因此需要對自己的處境有一合理的解釋，
而「聖哲之不遭兮，固時命之所有」（〈反離騷〉）的命運觀，就是他對自己的
不遇所提出的解釋。參見其所著，《揚雄──從模擬到創新的典範》，頁 31、
32、99。

〔註76〕揚雄著，〈解言朝〉云：「士無常君，國亡定臣，得士者富，失士者貧，矯翼
厲翮，恣意所存，故士或自盛以橐，或鑿坏以遁。」又云：「故當其有事也，
非蕭、曹、子房、平、勃、樊、霍則不能安；當其亡事也，章句之徒相與坐
而守之，亦亡所患。故世亂，則聖哲馳騖而不足；世治，則庸夫高枕而有餘。」
收錄於《漢書・揚雄傳》，頁 3567～3568 中。可見遇與不遇在於時代的因素。
如果處於太平盛世，則如蕭何、曹參之士也英雄無用武之地。

〔註77〕汪榮寶著，《法言義疏》（臺北市：藝文印書館，1968 年 6 月再版），〈問明〉，

命受之於天〔註78〕，是人力所無可奈何及不可逃避的。如短命而死或是染疾而死都是命，這是人所無法躲避及改變。相反的，如站在危牆下，因而致死，那就是咎由自取，不是命〔註79〕。因此，他以為吉凶在人，不在天，是人為，不是天命，所以吉人可凶其吉，凶人可吉其凶〔註80〕。揚雄在承認命運對人造成影響的同時，也肯定人為的力量。而他對命運的看法，更可說是受到他自身遭遇、經驗所影響。

　　而王充的命運思想，與揚雄早期對命運的看法有相似之處。他說：

> 操行有常賢，仕宦無常遇。賢不賢，才也；遇不遇，時也。……進在遇，退在不遇。處尊居顯，未必賢，遇也；位卑在下，未必愚，不遇也。……或以賢聖之臣，遭欲為治之君，而終有不遇，孔子、孟軻是也。（〈逢遇〉）

先聖孔子、孟子不受重用，可見遇與不遇，不在於人的才能高低，而是在於時運與機遇。仲任說「遇不遇，時也」，揚雄說「遇不遇，命也」，二者可說有異曲同工之妙。

　　揚雄以「遇不遇，命也」為自己早期的遭遇自圓其說，而仲任的遭遇與揚雄相當類似〔註81〕，自然會認同這樣的言論，而加以發揮。但在朝為官的經驗，使揚雄在晚年時對命運的看法有所改變，即肯定命運的力量，同時也

頁290～294。本論文所引用《法言》的文字，皆根據此版本，只註明篇名，不另加註。

〔註78〕揚雄以為天是有意志的。《太玄經・玄攡》云：「是故日動而東，天動而西，天日錯行，陰陽更巡。」（臺北市：臺灣中華書局，出版日期不詳），卷七，頁6。本論文所引用《太玄》的文字，皆根據此版本，只註明篇名，不另加註。

〔註79〕揚雄的命運論與孟子所言：「莫非命也，順受其正。是故知命者，不立乎嚴牆之下。盡其道而死者，正命也。桎梏死者，非正命也。」雷同。參見李鍌著，〈揚雄〉，收錄於《中國歷代思想家【四】——賈誼、董仲舒、劉安、劉向、揚雄》（臺北市：臺灣商務印書館股份有限公司，1999年更新版一刷），頁303。

〔註80〕《法言・重黎》云：「或問：『楚敗垓下，方死曰：天也。諒乎？』曰：『漢屈群策，群策屈群力；楚憚群策，而自屈其力。屈人者克，自屈者負，天曷故焉？』」以劉邦、項羽之爭為例，說明吉凶在人不在天。而《太玄・玄圖》云：「息與消糾，貴與賤交，禍至而福逝，禍至而福逃。」禍福是相互轉化的，因此，人可以藉由這樣的道理而觀察吉凶之兆，進而掌握吉凶。

〔註81〕揚雄一直到三十多歲才入朝為官，且官位不高，一生的遭遇並不順遂。而仲任的遭遇與揚雄有許多類似之處。參見林麗雪著，《王充》（臺北市：東大圖書股份有限公司，1991年9月初版），頁142～143。

肯定人掌握自我吉凶的力量，不再將人事的吉凶禍福完全歸咎於命運。但仲任在仕途受阻，遭受冷落後，並沒有像揚雄般對命運重新思考，反而更加相信命運，以爲「禍福吉凶者，命也」、「命自有吉凶」（〈命義〉），吉凶禍福同樣是命，由不得人。這是仲任與揚雄命運思想最大的不同點。

四、班彪的〈王命論〉

《後漢書‧班彪傳》云：

> 彪既疾囂言，又傷時方艱，乃著〈王命論〉，以爲漢德承堯，有靈命
> 之符，王者興祚，非詐力所致，欲以感之。

爲了替東漢光武帝劉秀政權的取得尋求合理的解釋，及鞏固王權，班彪著〈王命論〉，倡言君權神授，以爲不只個人的貧富、國家的命運，及王命的繼承，都有定數，都是命。他說：

> 昔在帝堯之禪曰：「咨爾舜，天之厤數在爾躬。」舜亦以命禹。……
> 至於湯武，而有天下，雖其遭遇異時，禪代不同，至于應天順民，
> 其揆一也。是故劉氏承堯之祚，氏族之世，著乎春秋。唐據火德，
> 而漢紹之。始起沛澤，則神母夜號，以章赤帝之符。由是言之，帝
> 王之祚，必有明聖顯懿之德，豐功厚利積累之業，然後精誠通于神
> 明，流澤加于生民，故能爲鬼神所福饗，天下所歸往。未見運世無
> 本，功德不紀，而得倔起在此位者也。……不知神器有命，不可以
> 智力求也。……夫餓饉流隸，飢寒道路，思有短褐之襲；儋石之畜，
> 所願不過一金，然終于轉死溝壑。何則？貧窮亦有命也，況摩天子
> 之貴，四海之富，神明之祚，可得而妄處哉？〔註82〕

平凡人的窮達與否，是命，貴爲天子與否，更是命。任何朝代，是誰得到帝位，都早有定數。唯有恩澤廣施於百姓，且上通於神明，即應天順民者，才可被授天命，被降符命，而貴爲天子。因此，帝位是天命所決定，人不可以憑一己之才智或武力而輕取政權。

雖然人的窮達與否由天定，但個人的吉凶禍福，卻操之在己。〈王命論〉云：

> 當秦之末，豪傑共推陳嬰而王之，嬰母止之曰：「自吾爲子家婦，而

〔註82〕班彪著，〈王命論〉，收錄於楊家駱主編，《全上古三代秦漢三國六朝文》，共九冊，冊二（臺北市：世界書局，1982年2月四版），頁8～9。本論文所引用〈王命論〉的文字，皆根據此版本，只註明篇名，不另加註。

世貧賤，卒富貴不祥。不如以兵屬人。事成，少受其利；不成，禍
有所歸。」嬰從其言，而陳氏以盜。……夫以匹婦之明，猶能推事
理之致，探禍福之機，而全宗祀于無窮，垂策書于春秋，而況大丈
夫之事虞？是故窮達有命，吉凶由人。

陳嬰世代貧窮，卻有飛黃騰達，貴爲帝王的機會。可是陳嬰之母深諳命運之
理，終使陳家免於禍患。因而班彪以爲，陳嬰能避禍，要歸功於陳母通達命
理，對於突如其來的富貴之兆有所警覺。總之，班彪以爲窮達雖有命，但吉
凶操之在己。人唯有了解「窮達有命」的道理，不強求命中所無，才能趨吉
避凶，將福祚傳於子孫。他說：

而苟昧于權利，越次妄據，外不量力，內不知命，則必喪保家之
主，失天年之壽，遇折足之凶，伏鈇鉞之誅。英雄誠知覺悟，畏若
禍戒，超然遠覽，淵然深識，收陵嬰之明分，絕信布之覬覦，距逐
鹿之瞽說，審神器之有授，毋貪不可幾，爲二母之所笑，則福祚流
于子孫，天祿其永終矣。(〈王命論〉)

班彪〈王命論〉的主要目的在於鞏固東漢的王權，因此，通篇充滿了君權神
授、王權不可侵犯的國家命定思想〔註 83〕。雖然如此，在倡導君權神授、不
可侵犯的同時，班彪也試圖將「命定」與「人事」兩方面相結合，即雖說窮
達有命，人無法改變命運，卻也說人可藉由天命顯於人事上的徵兆，掌握人
事吉凶禍福的先兆，進而趨吉避凶。這種命運觀的提出，雖是爲了鞏固王權，
以告誡臣民不可有叛亂之心，卻也間接肯定了人的主觀能動性〔註 84〕，換言
之，人有能力掌握人事的吉凶。這觀點與揚雄所說「吉人凶其吉，凶人吉其
凶」(〈問明〉)相同，也是西漢以來命運論所關注的焦點。

王充曾否師事班彪，雖未有定論，但單就命運思想而言，仲任確與班彪
相似。他說：

夫王者，天下之雄也，其命當王。(〈初稟〉)

世謂古人君賢則道德施行，施行則功成治安；人君不肖則道德頓
廢，頓廢則功敗治亂。古今論者，莫謂不然。何則？見堯、舜賢

〔註83〕 徐復觀認爲班彪把政權固定在劉姓身上的政治思想，是劉氏家天下的天命
論、宿命論。參閱其所著，《增訂兩漢思想史》，卷三，頁476。

〔註84〕 林麗雪著，《王充》，頁148云：「班彪謂『窮達有命，吉凶由人』……這是在
一定的範圍內，承認人的主觀能動作用。」

聖致太平，桀、紂無道致亂得誅。如實論之，命期自然，非德化
也。……人皆知富饒居安樂者命祿厚，而不知國安治化行者歷數吉
也。故世治非賢聖之功，衰亂非無道之致。國當衰亂，賢聖不能
盛；時當治，惡人不能亂。世之治亂，在時不在政；國之安危，在
數不在教。賢不賢之君，明不明之政，無能損益。（〈治期〉）

不僅個人有富貴窮達之命，帝王的授命、國家的興亡、動亂，也是有命，有
定數。仲任以為國家興亡有命，其目的雖不是為了鞏固王權，但由於他在《論
衡》中有〈須頌〉、〈齊世〉、〈宣漢〉、〈恢國〉、〈驗符〉等歌頌、讚揚漢朝之
作〔註85〕，又說「教之行廢，國之安危，皆在命時，非人力也」（同上）、「國
命勝人命」（〈命義〉），使其國命論有為漢鞏固王權之嫌。

　　雖然仲任在國家命運論的思想及動機上與班彪相似，但由於他反對天人
感應，且以為天是無意志的自然之天，因此他的國命論的理論基礎與班彪並
不相同。此外，仲任並不贊同班彪「窮達有命，吉凶由人」，即反對將窮達與
吉凶劃分為命運及人事二種不同的範圍，只承認「禍福吉凶者，命也」、「命
自有吉凶」（同上）。

　　綜觀先秦及兩漢命運論的發展，人主觀的能動性是大多數哲學家所肯定
及極力強調的。但仲任卻主張個人的夭壽智愚、貧賤富貴、吉凶禍福、性之
善惡，乃至國家興亡、治亂等都難逃命運的安排。這樣的觀點，當然與他的
遭遇有莫大的關係，但在取捨先哲前賢的命運觀後，仲任也加以重新思考與
反省，因而提出「性」與「命」相統一的看法，透過性可改，進而肯定命也
可改。這樣的修正，雖使仲任的命運思想前後矛盾，且動搖了命絕對不可改
的立場，但也透露出仲任的命運論並非如一般學者所認為是「絕對命定論」
的訊息，及其試圖循著傳統命運論的發展，突破其命運論的困境及局限，以
作為人生準則的努力。總之，仲任的命運論除了深受其本身遭遇及時代背景
所影響外，透過對傳統命運論的思考及反省，終使他對自己的理論加以修正，
可見傳統的命運論對王充實有深遠的影響。

〔註85〕　〈須頌〉云：「漢家功德，頗可觀見。今上即命，未有褒載，《論衡》之人，
　　　　為此畢精，故有〈齊世〉、〈宣漢〉、〈恢國〉、〈驗符〉。」

第四章　王充命運論的形上根源

　　西方學者瑞恩格林（H. Ringgern）指出，如果命運的主宰被認為是一非人格的力量，那麼，人就不可能與之建立任何交往關係。人無法對自己的遭遇做任何程度的改變，更無法祈求或祭祀這個主宰，因為它不具理性，根本不會聽取任何人的意願、接受任何祭品、做出任何反應。另一方面，如果命運被認為是由人格神祇所決定的，人就可能與之交往，並對神祈禱和供獻祭品。人相信這些與神交往的手段，可以使人得福除禍，改變命運〔註1〕。由瑞恩格林的觀點可知，人如何認識命運主宰者的性質，不但影響命運能否改變的觀點，也影響人對命運主宰者的認知。

　　對命運的看法，王充因本身的遭遇而相當消極。他以為「自王公逮庶人，聖賢及下愚，凡有首目之類、含血之屬，莫不有命」（〈命祿〉）。此外，他更認為「命不可勉」（同上）。職是之故，他自然不接受能與人交往且改變命運的力量為人的主宰，而認為命運的主宰是不具理性的非人格力量。可見仲任在氣說流行的時代，賦與氣以物質意義，據此作為命運的主宰。換句話說，他以氣為命形成的關鍵，並且是命運的主宰，證成及開展其命運論。本章即闡釋其命運論的理論基礎，以循序漸進地掌握王充命運思想的全貌。

第一節　「天」與「氣」

　　在中國傳統中，由於各哲學家皆對氣的意義有不同的詮釋，因此，氣具

〔註1〕Helmer Ringgren, *Fatalistic Beliefs in Religion, Folklore, and Literature* (Stockhoim: Algrist & Wilksell, 1967), p.7.

有多方面的涵義。在漢代，氣被普遍的認為是構成天地萬物的基本元素，但它更是天與人相感應的重要橋樑、天施行賞罰及表現其意志的手段。氣具有濃厚的神秘色彩。仲任氣論的形成，一方面固然在於證明命運的主宰為非人格的力量，人無力改變自我的命運，一方面更在於「疾虛妄」，即批評當時的天人感應學說及世俗迷信。因此，建構氣論思想的第一要務，便是解消氣的神秘色彩，並賦予氣單純的物質特性。而仲任即透過對天的重新認識，達到這樣的目的。

在漢代，儒者普遍認為「天，氣也，故其去人不遠。人有是非，陰為德害，天輒知之，又輒應之，近人之效也」（〈談天〉），以為天是氣，據此作為天人相距不遠，可相互感應的依據。仲任卻根據當時天文學的成果，以為：

> 夫天，體也，與地無異，諸有體者，耳咸附於首，體與耳殊，未之有也。天之去人，高數萬里，使耳附天，聽數萬里之語，弗能聞也。（〈變虛〉）

> 天，體，非氣也。……秘傳或言天之離天下六萬餘里。數家計之，三百六十五度一周天。下有周度，高有里數。如天審氣，氣如雲煙，安得里度？又以二十八宿效之，二十八宿為日月舍，猶地有郵亭為長吏廨矣。郵亭著地，亦如星舍著天也。案傳書者，天有形體，所據不虛。猶此考之，則無恍惚，明矣。（〈談天〉）

> 何以知天之自然也？以天無口目也。……何以知天無口目也？以地知之，地以土為體，土本無口目。天地，夫婦也，地體無口目，亦知天無口目也。使天體乎？宜與地同，使天氣乎？氣若雲煙，雲煙之屬，安得口目？（〈自然〉）

> 夫天者，體也，與地同。天有列宿，地有宅舍，宅舍附地之體，列宿著天之形，形體具，則有口，乃能食。使天地有口能食，祭食宜食盡，如無口，則無體，無體則氣也，若雲霧耳，亦無能食。（〈祀義〉）

天與地相同，不是氣，而是一有堅度體質的體〔註2〕，是物質的實體，沒有感

〔註 2〕 徐復觀著，《增訂兩漢思想史》，卷二，頁 611。鄧文寬及鄭文亦認為，王充所認為的天，是一個硬殼形質的實體或是一客觀存在的實體。參見鄧文寬撰，〈王充及《論衡》中天文學思想〉，收錄於劉君燦編，《中國天文學史新探》（臺北市：明文書局，1988 年 7 月初版），頁 27 中。鄭文著，《論衡析詁》（成都：

官，更沒有任何的知覺、意志或理性。而他更以無形體為氣定義，將氣與體二分。他說：

> 非物則氣。（〈紀妖〉）
>
> 不為物，則為氣矣。（〈論死〉）
>
> 非形體則氣。（〈卜筮〉）
>
> 無體則氣。（〈祀義〉）

由此可見，仲任以為天與氣是二種不相同的東西。

　　雖然在意義上，仲任將氣與體相對而說，以為天與氣是二種不相同的東西，但他不否認二者相互依存的關係，以為「氣」是附屬於「體」，「氣」是「體」所含的氣，天是一含氣的實體。仲任即云：

> 天地，含氣之自然也。（〈談天〉）
>
> 天去人高遠，其氣芬蒼無端末。（〈變動〉）

透過肯定天的物質性，仲任重新賦予了氣的物質涵義〔註3〕。但他也繼承漢儒的觀點，主張氣構成宇宙萬物。他說：

> 天者，普施氣萬物之中。（〈自然〉）
>
> 天之動行也，施氣也；體動氣乃出，物乃生矣。（同上）
>
> 夫天覆於上，地偃於下，下氣烝上，上氣降下，萬物自生其中間矣。
> （同上）
>
> 天不動，氣不施；氣不施，物不生；與人行異，日月五星之行，皆施氣也。（〈說日〉）
>
> 一天一地，並生萬物。萬物之生，俱得一氣。氣之薄渥，萬世若一。
> （〈齊世〉）

由此可知，萬物的生成變化都是天不斷的運動施氣所產生〔註4〕。而仲任更進一步的依氣作用的對象或施氣的對象，賦予氣不同的名稱，如「光氣」、「星

巴蜀書社，1999 年 1 月一版一刷），頁 71。

〔註 3〕 氣從屬於體，氣是體所含的氣，而體既是物質的體，因此它所含的氣也是物質的氣。總之，氣與體同為物質，其區分只在於有形與無形。參見侯外廬主編，《中國思想通史》，卷二，頁 277。

〔註 4〕 〈奇怪〉云：「天施氣於地以生物。」〈感虛〉云：「天主施氣，地主生物。」徐復觀著，《增訂兩漢思想史》，卷二，頁 614 亦云：「他則以為生物僅由天施氣於地，地只是以土承受天的氣。」可見萬物的形成主要是透過天的施氣。

「氣」、「精氣」、「人氣」等〔註5〕。但無論氣有怎樣的名稱，如何作用於不同的對象，氣都是同一氣、具物質性、無任何意志。

由於天是無意志、物質的實體，因此，天必定是自然無爲的施氣，萬物的形成，是天自然、偶然施氣，氣「恬淡無欲，無爲無事」（〈自然〉）的結果。他說：

> 自然無爲天之道也。（〈初稟〉）
>
> 天動不欲以生物，而物自生，此則自然也。施氣不欲爲物，而物自爲，此則無爲也。（〈自然〉）
>
> 天之行也，施氣自然，施氣則物自生，非故施氣以生物也。（〈說日〉）
>
> 夫天不能故生人，則其生萬物，亦不能故也。天地合氣，物偶自生矣。（〈物勢〉）

此外，仲任更強調「種類相產」（同上）的觀點。他以爲一旦萬物已各自成類，第一代的氣便會滋生第二代，以此類推，生生不息，無須再稟天氣以生〔註6〕。因此萬物成類之後，便不能另稟天之元氣或是其他物類之氣，而成爲其他物類。他說：

> 因氣而生，種類相產，萬物生於天地之間，皆一實也。（同上）
>
> 凡夫含血之類，相與爲牝牡；牝牡之會，皆見同類之物。精感欲動，乃能授施。若夫牡馬見雌牛，雄雀見牝雞，不相與合者，異類故也。（〈奇怪〉）

「種類相產」的觀點，不但與當今的遺傳學與實驗胚胎學有相近之處〔註7〕，更凸顯出仲任思想中的科學精神。可惜的是，他卻以種類相產的觀點爲依據，以爲「聖人自有種族」（同上），爲帝王的世襲制度立說。〈奇怪〉云：

> 聖人自有種族，如文、武各有類。孔子吹律，自知殷後；項羽重瞳，

〔註5〕仲任還提到「天氣」、「神氣」、「節氣」等。對於氣的分類，林麗雪及曾漢塘有詳細的說明。參見林麗雪著，《王充》，頁215～216。曾漢塘撰，〈試論王充「氣」的觀念〉，《宗教哲學》，三卷三期（臺北縣：中華民國宗教哲學研究社，1997年7月），頁102～103。

〔註6〕林麗雪著，《王充》，頁230。

〔註7〕李約瑟著，陳立夫主譯，《中國之科學與文明》，冊三，頁60～61云：「彼之強調遺傳，而反環境之影響。最富趣味。彼正觸及兩千年後近代實驗胚胎學（experimental embryology）中已確定之基本問題。」

　　　　自知虞舜苗裔也。五帝、三王，皆祖黃帝。黃帝，聖人，本稟貴命，

　　　　故其子孫皆為帝王。

而仲任重命的觀點，更可由他「本稟貴命，故其子孫皆為帝王」的說辭窺見一二。

　　仲任透過當時的天文知識並繼承荀子自然的天論〔註 8〕，對天重新探究，藉此賦予氣物質的內涵，並以天自然、偶然施氣，氣「恬淡無欲，無為無事」（〈自然〉）的觀點，為萬物的創生、人我的差別尋求一合理的解釋，並以氣為其命運論的形上根源，進一步解釋人的命運。

第二節　「氣」與「命」

　　王充藉由氣的作用，解釋萬事萬物的創生。其氣論在他的哲學體系中的作用，不外乎是用以說明事物差別的內在原因，及填補認識上的空白〔註 9〕。對於人事上的等級差別，仲任都將之歸於命，他說：

　　　　凡人遇偶及遭累害，皆由命也。有死生壽夭之命，亦有貴賤貧富之

　　　　命。自王公逮庶人，聖賢及下愚，凡有首目之類、含血之屬，莫不

　　　　有命。（〈命祿〉）

可見命為人事差別的主要原因，而命的影響更普及於萬物。但命終究是怎樣的東西，仲任以「物質的氣」加以說明〔註10〕。他說：

　　　　人生性命當富貴者，初稟自然之氣。（〈初稟〉）

　　　　人稟氣而生，含氣而長，得貴則貴，得賤則賤。（〈命義〉）

　　　　凡人受命，在父母施氣之時，已得吉凶矣。（同上）

　　　　用氣為性，性成命定。（〈無形〉）

人在父母受孕的那一刻，便稟受天自然施予的元氣而有生命。此時，人的壽夭、形體、貧富、貴賤等也由所稟之氣所決定。生命形成的同時，命運也已決定。人事的關鍵在於命，命的決定關鍵又在於物質的氣，是以命與氣息息相關。

〔註 8〕 蔡仁厚著，《孔孟荀哲學》，頁 370。
〔註 9〕 鍾肇鵬、周桂鈿著，《桓譚王充評傳》，頁 286。
〔註10〕 黎惟東著，《王充思想研究》（中國文化大學哲學研究所博士論文，1984 年 6
　　　　月），頁 223。

　　人與萬物的差別，在於稟氣的不同。而仲任既然認為人的命運與氣密不可分，因此也以稟氣的厚薄差別去說明命運的不同。他說：

> 俱稟元氣，或獨為人，或為禽獸。並為人，或貴或賤，或貧或富。富或累金，貧或乞食；貴至封侯，賤至奴隸。非天稟施有左右也，人物受性有厚薄也。（〈幸偶〉）

> 人之稟氣，或充實而堅強，或虛劣而軟弱。充實堅強，其年壽，虛劣軟弱，失棄其身。……稟壽夭之命，以氣多少為主性也。（〈氣壽〉）

> 稟氣有厚泊，故性有善惡也。殘則受仁之氣泊，而怒則稟勇渥也。（〈率性〉）

> 人之善惡，共一元氣。氣有少多，故性有賢愚。（同上）

> 人稟元氣於天，各受壽夭之命，以立長短之形。（〈無形〉）

氣的厚薄決定了人的命運，而氣又是一不具意志的物質，那為何人會有不同的稟氣？對於此點，仲任扣緊天自然、偶然施氣，氣「恬淡無欲，無為無事」（〈自然〉）及「人偶自生」（〈物勢〉）的觀點，以為人稟氣之厚薄，命運的形成是自然、偶然的結果。他說：

> 非天稟施有左右也，人物受性有厚薄也。（〈幸偶〉）

> 命，吉凶之主也，自然之道，適偶之數，非有他氣旁物厭勝感動使之然也。（〈偶會〉）

天不受任何事物的左右，自然的施氣，偶然造成人所稟之氣的厚薄。而「人偶自生」（〈物勢〉）、「性成命定」（〈無形〉），天自然的施氣，使生命偶然的形成，而生命形成的同時，命運也已被決定，因此，人的命運自然也是天施氣偶然的結果。所以仲任說命是「自然之道，適偶之數」（〈偶會〉），總而言之，命是自然而然出現且由偶然巧合而成的現象。

　　此外，仲任更利用氣的特性，進一步的證明人不但無力主宰自我的命運，且人的命運不可更改。他說：

> 命，謂初所稟得而生也。人生受性，則受命矣。性、命俱稟，同時並得，非先稟性，後乃受命也。（〈初稟〉）

> 稟命定於身中，猶鳥之別雄雌於卵殼之中也。（同上）

人在稟氣時，不但獲得了生命，其命運也被決定，就如同鳥在卵殼中就有雌

雄之分。人無法掌握自我的性別，又如何掌握自我的命運？而氣爲命的主要關鍵，在「氣不改更」（〈齊世〉）的條件下，人又如何改變自我的命運？既然氣是主導命運的關鍵，它無意志，人無法與之交往，便無能力改變它，自然無法改變以氣爲主宰的命運。透過氣的不可改更性，仲任證成了命運不可更改的觀點。

　　雖然仲任悲觀的以爲人的命運一旦形成便無法更改，但他卻認爲人的形體、骨骼、相貌，反映出人的命運。他說：

　　夫稟氣等，則懷性均；懷性均，則形體同；形體同，則醜好齊；醜好齊，則夭壽適。（〈齊世〉）

　　體者，面輔骨法，生而稟之。（〈初稟〉）

　　人以氣爲壽，形隨氣而動。氣性不均，則於體不同。（〈無形〉）

　　人曰命難知。命甚易知。知之何用？用之骨體。人命稟於天，則有表候見於體。察表候以知命，猶察斗斛以知容矣。表候者，骨法之謂也。（〈骨相〉）

人的本性好壞、美醜、壽夭等都是受不同的氣性所影響，氣性不同，表現在形體上的狀況也不一樣，且人的形體，更是隨著各人所承受的不同之氣而發育成長，所以形體、骨骼、相貌可說是人所稟之氣的表相，換言之，是命運的表相。而透過命運表相的掌握，自然能對命運有所知曉。仲任即透過氣與形體及人命運的關係，說明人可透過骨相，預知命運。而仲任更將個人的命運論應用至國家，以爲國命繫於眾星之氣，氣化表現的瑞應及災變即爲國命的表徵。

　　仲任以氣解釋說明一切事物的性質與命運。透過氣的物質、自然特性，證成了命運不可改變及偶然如此的觀點。總之，其命運論是一再扣緊氣而開展的。

第五章　王充論命運的態度與方法

　　《後漢書・王充傳》記載王充「博通眾流百家之言」。歷代史籍，如《隋書・經籍志》、《新唐書・藝文志》及《四庫全書總目提要》等，都將王充的《論衡》列為雜家類。而所謂的雜家，據《隋書・經籍志》云：「雜者通眾家之意。」〔註1〕《四庫全書總目提要》亦云：「雜之義，廣無所不包。」〔註2〕由此可見，王充不僅身通眾家之學，他的哲學及立論的態度也具有多方綜合且自成一家的特性。

　　由於王充被列於雜家，因此他的學說被認為駁雜，沒有條理〔註3〕，但他著《論衡》的主要目的在於「詮輕重之言，立真偽之平」（〈自紀〉），因此特別以重效驗、求實證為其批評、立說的主要方法。而重效驗的哲學方法，反使他的思想條理分明，並博得中國古代「邏輯實證家」〔註4〕（logical positivist）的美名。

　　王充多方綜合的立論態度與重效驗的方法，是他個人性格、學識及涵養的表現，也是其為學的一大特點。在他的命運論中，仲任即秉承這樣的方法及態度，以重效驗的方法，將抽象的「命運」概念及內容具體呈現出來，更以多方綜合的立論態度，對他一貫堅持的命運觀點提出修正。可見王充的命運論，深受其立論的態度與方法所影響。本章即闡析他論命運的態度與方法，

〔註1〕　魏徵等撰，《隋書》（臺北市：新文豐出版股份有限公司，1975 年 3 月初版），頁 507。

〔註2〕　永瑢等編，《欽定四庫全書總目》，冊八，頁 2339。

〔註3〕　同上，頁 2395 云：「儒者頗病其蕪雜。」

〔註4〕　徐道鄰撰，〈王充論〉，收錄於項維新、劉福增主編，《中國哲學思想論集──兩漢魏晉隋唐篇》（臺北市：牧童出版社，1979 年 4 月再版），頁 147 中。

以全盤了解其命運論的特色和眞正意涵。

第一節　王充論命運的態度

王充嘗云：「從道不隨事，雖違儒家之說，合黃老之義也。」（〈自然〉）明白指出他的立論違背儒家之理，但服從自然的天道，符合黃老之義。王充這種態度，主要是針對當時「天地故生人」的天人感應學說而發。他說：

儒者論曰：「天地故生人。」此言妄也！夫天地合氣，人偶自生也；

猶夫婦合氣，子則自生也。

夫耕耘播種，故爲之也，及其成與不熟，偶自然也。（〈物勢〉）

萬物的生長，都是天自然的施氣，偶然造成的結果。「自然」、「偶然」觀點的提出，無非是爲了反對「天地故生人」中「故」的觀念。而對於命運，王充亦以自然、偶然爲之說明。他說：

命，吉凶之主也，自然之道，適偶之數，非有他氣旁物厭勝感動使

之然也。……二偶三合，似若有之，其實自然，非他爲也。（〈偶

會〉）

命雖然是人吉凶禍福的主宰，但卻是「自然之道，適偶之數」（同上），純粹是偶然巧合而成的自然現象，並非有他物使之如此。簡單的說，「命，自然也」（同上），即是王充談論命運的基本論點。

王充使用「自然」一詞是「合黃老之義」（〈自然〉）。因此他一再將人類的吉凶禍福、富貴貧賤等歸之於「自然」、「偶然」等因素。由仲任繼承道家「自然無爲」之義爲其命運論立說來看，他的基本態度是道家。〔註5〕

王充雖以爲命是自然和偶然而成的自然現象，而且進一步認爲命決定人的生命現象、社會地位、禍福吉凶，人無力改變。但這樣的態度及立場，在其命運論中並不一致。因爲在談論「性」的問題時，仲任將「命」與「性」視爲等同的概念，他說：

〔註5〕 蕭公權著，《中國政治思想史》，共二冊，冊上，頁350云：「《論衡》最大之特點爲其以自然主義爲根據之宿命論。」（臺北市：中國文化大學出版部，1982年9月二版）胡適亦認爲王充把天地間一切現象和一切變化都看作無意識的因緣偶合，這種幸偶論，一方面是他的自然主義的結果，一方面又是他的命定論的根據。參見其所撰，〈王充的論衡〉，頁1289。可見王充言命的立論態度是道家。

夫物不求而自生，則人亦有不求貴而貴者矣。人情有不教而自善者，
有教而終不善者矣。天性，猶命也。(〈命祿〉)

在命不可改的基礎下，性自然也不可改。可是仲任卻又認為人性可以因教育
與環境而改變。〈率性〉云：

論人之性，定有善有惡。其善者，固自善矣；其惡者，故可教告率
勉，使之為善。凡人君父，審觀臣子之性，善則養育勸率，無令近
惡；惡則輔保禁防，令漸於善。善漸於惡，惡化於善，成為性行。

人之性，善可變為惡，惡可變為善，猶此類矣。蓬生麻間，不扶自
直；白紗入緇，不練自黑。彼蓬之性不直，紗之質不黑，麻扶緇染，
使之直黑。夫人之性，猶蓬紗也，在所漸染而善惡變矣。

仲任對「性」可改的肯定，間接地肯定了命可改。而他對性可改的觀點也與
荀子在〈勸學〉篇中的內容極為相似〔註6〕。可見其命運論中的某些觀點脫離
不了儒家的色彩。又仲任雖不斷地強調命對人生的限制，以為「命貴，從賤
地自達；命賤，從富地自危」(〈命祿〉)，但在進一步闡述此觀點時，也援用
儒家的觀點加以發揮。他說：

天命難知，人不耐審，雖有厚命，猶不自信，故必求之也。如自知，
雖逃富避貴，終不得離。故曰：力勝貧，慎勝禍。勉力勤事以致富，
砥才明操以取貴，廢時失務，欲望富貴，不可得也。雖云有命，當
須索之。如信命不求，謂當自至，可不假而自得，不作而自成，不
行而自至？夫命富之人，筋力自強，命貴之人，才智自高，若千里
之馬，頭目蹄足自相副也。有求而不得者矣，未必不求而得之者也。
精學不求貴，貴自至矣。力作不求富，富自到矣。(同上)

富貴有命。如果命當富貴，雖不求富貴，只要專心致力於學習、努力從事經
營，富貴也會自然到來。反之，如命當貧賤，雖致力追求富貴，富貴卻無法
獲得。但這並不表示人「可幽居俟時，不須勞精苦形求索之也」(同上)，即
人可自俟自己的命運，終日無所事事、虛度光陰，而期望富貴會自至。命當
富貴之人，仍應善用其優於他人的體力與智慧，追求命中固有的富貴。而命
當貧賤之人，也不應汲汲於追求不屬於自己的富貴，因為「富貴之福，不可
求致；貧賤之禍，不可苟除也」(同上)。

〔註6〕荀子云：「蓬生麻中，不扶而自；白沙在涅，與之俱黑。蘭槐之根是為芷，其
漸之滫，君子不近，庶人不服。其質非不美也，所漸者然也。」(〈勸學〉)

仲任以「命自有吉凶」（〈命義〉）、富貴有命的論點，勉人不要汲汲於追求富貴，而更以「雖云有命，當須索之」（〈命祿〉）的觀點，責求富貴之人不應廢棄其「筋力自強」（同上）及「才智自高」（同上）的天賦，致力於學習與經營。這樣的態度雖與其「命，自然也」（〈偶會〉）的觀點大異其趣，但卻與儒家深知人生有所限制，不去求取求之不可得的事，且積極於人事上努力的精神不謀而合。而仲任言命運時屢以儒家之言爲證〔註7〕，更凸顯出仲任對儒家思想的援用及吸收。〔註8〕

不論仲任是對人主觀能動性的間接肯定，或是對揚雄、班彪等人及傳統命運觀點的繼承，在在都顯示他不單以道家或儒家的觀點談論命運，而是以多方綜合的雜家態度爲其命運論立說。這使他能以不同的角度檢視自己的命運觀，從而加以重新思考，並提出修正，爲其消極的命運觀注入積極的精神，同時跳脫絕對命定論的窠臼，使他的命運論有更大轉折的空間。

第二節　王充論命運的方法

基於自身的遭遇，王充對人生作出「自王公逮庶人，聖賢及下愚，凡有首目之類、含血之屬，莫不有命」（〈命祿〉）的思考與總結。因此，他以「命」來反映及概括事物的必然性〔註9〕，並以「命」爲人生命現象、社會地位及社會所發生種種現象的原因。很明顯，仲任提出命運論，並非只在於感嘆自身的遭遇，而亦在於反對「行善者福至，爲惡者禍來」（〈福虛〉）的命運觀。然而「命運」只是抽象的概念，沒有具體的形象可讓人清楚掌握，因此仲任運用各種方法，試圖讓人能對命運的概念及內容一目了然，以達到自我抒發、「垂書示後」（〈自紀〉）及「詮輕重之言，立眞僞之平」（〈對作〉）之目的。而仲任論命運，首重效驗法。

仲任雖謂其學「合黃老之義」（〈自然〉），且沿用道家的觀點爲其命運論

〔註7〕如〈命祿〉云：「孔子聖人，孟子賢者，誨人安道，不失是非，稱言命者，有命審也。」〈命義〉云：「儒家之議，以爲人死有命。言有命者，見子夏言：『死生有命，富貴在天。』」〈偶會〉云：「孔子稱命，不怨公伯寮，孟子言天，不尤臧倉，誠知時命當自然也。」

〔註8〕周桂鈿也明白的指出，王充的命運思想主要來源於孔孟儒家。參見其與鍾肇鵬合著，《桓譚王充評傳》，頁525。

〔註9〕徐敏著，《王充哲學思想探索》（北京：生活・讀書・新知三聯書店，1979年8月一版一刷），頁141。

立說，但對道家的方法卻不表贊同，他以爲：

> 道家論自然，不知引物事以驗其言行，故自然之說未見信也。（同
> 上）

道家不知引用具體的事物來證明自己的言行，因此所說的自然之道無法讓人信服。有鑑於此，仲任特別重視「效驗」〔註 10〕，以爲「事莫明於有效，論莫定於有證」（〈薄葬〉），主張爲學和立論，應「效之以事」（〈對作〉），且「須任耳目以定情實」（〈實知〉），即以耳目所及之客觀事物爲立論的依據。

王充雖注重「效驗」，但也強調「考之以心」（〈對作〉）。他說：

> 夫論不留精澄意，苟以外效立事是非，信聞見於外，不詮訂於內，
> 是用耳目論，不以心意議也。夫以耳目論，則以虛象爲言；虛象效，
> 則以實事爲非。是故是非者不徒耳目，必開心意。（〈薄葬〉）

人不應以耳目所見聞的事物表象判斷事物的是非虛實，而應以合理的思考及判斷作爲了解事物真相的手段及立論的首要功夫。他以爲「不以心而原物，苟信聞見，則雖效驗章明，猶爲失實」（同上），如果人只相信事物的表象，誤將錯誤的事物當真，如此就算「效之以事」，也是枉然。因此爲學和立論必須「考之以心，效之以事」，二者配合運用得宜，才可使「浮虛之事，輒立證驗」（〈對作〉）。

仲任對當時眾人皆視爲圭臬的「戮力操行而吉福至，縱情施欲而凶禍到」（〈命義〉）的隨命觀，就是使用「考之以心，效之以事」（同上）的方法加以駁斥。他說：

> 行惡者禍隨而至，而盜跖、莊蹻橫行天下，聚黨數千，攻奪人物，
> 斷斬人身，無道甚矣，宜遇其禍，乃以壽終。夫如是，隨命之說，
> 安所驗乎？遭命者，行善於內，遭凶於外也。若顏淵、伯牛之徒，
> 如何遭凶？顏淵、伯牛，行善者也，當得隨命，福祐隨至，何故遭
> 凶？顏淵困於學，以才自殺；伯牛空居，而遭惡疾。及屈平、伍員
> 之徒，盡忠輔上，竭王臣之節，而楚放其身，吳烹其尸。行善當得
> 隨命之福，乃觸遭命之禍，何哉？（〈命義〉）

〔註10〕胡適以爲仲任重「效驗」的思想是受當時天文學重效驗的思想所影響，但周桂鈿卻以爲仲任重「效驗」的思想主要是繼承了以前哲學家的思想，遠自墨子的「三表法」，更受韓非「參驗」思想及西漢陸賈、賈誼等人的影響。參見胡適撰〈王充的論衡〉，頁 1272，及鍾肇鵬、周桂鈿著，《桓譚王充評傳》，頁526～527。

以隨命的觀點而論，行為端正便會有福報。可是盜跖與莊蹻作惡多端，而壽終正寢，顏淵等人卻又遭遇不幸。所以隨命說的觀點雖為耳目所得，但並非事實，更無法通過客觀事實的檢驗，因此不值得採信。

仲任除了強調以耳目所及的客觀事物為論事依據之外，尚承認人所議論之事不能完全訴諸經驗，他也以間接推理所得之事理為論事的根據，並運用其他方法論證其說。大致來說，仲任論命運的方法還有類比法、演繹法、歸納法、典證法及譬喻法等〔註11〕。現在依序論析如下：

一、類比法

類比（Analogy）是同類相比照的意思，以二物的類似做為推論的基礎，甲物已知，乙物未知，因乙物類似甲物，故推論出乙的情況。日常生活應用類比法的範圍很廣，尤其對不能經驗的事例的測定，則必賴類比法去進行〔註12〕。仲任便也以為「無與鈞等，獨有一物，不見比類，乃可疑也」（〈四諱〉），並且以類比法論證天無意志的形上根源。〈自然〉云：

> 何以知天之自然也？以天無口目也。案有為者，口目之類也。口欲食而目欲視，有嗜欲於內，發之於外，口目求之，得以為利，欲之為也。今無口目之欲，於物無所求索，夫何為乎？

又云：

> 何以知天無口目也？以地知之。地以土為體，土本無口目。天地，夫婦也，地體無口目，亦知天無口目也。使天體乎？宜與地同。使天氣乎？氣若雲煙。雲煙之屬，安得口目！

藉由無口目則無意志，天與地同類，地無口目，天亦無口目的類比，仲任推論出天無意志，天體自然的觀點，並據此證成及開展其命運論。

二、演繹法

所謂的演繹法，是以普遍的原則為前提，推知特殊事物的真象。結論的意見已經包括在前提之內，推論的進行，是使潛伏在前提的判斷，加以表面

〔註11〕謝朝清以為王充《論衡》中所用的方法可分為：類比法、演繹法、歸納法、典證法、譬喻法及矛盾法。參見其所著，《王充治學方法研究》（臺北市：文津出版社，1980年5月出版），頁145。本章只取王充論命運的方法加以論述。

〔註12〕宋稚青、林如豪合著，《邏輯與科學方法》（臺北市：自由太平洋文化事業公司，1964年9月再版），頁194。

上的結論，是由既知的全體推知其各部份，是由大而小，由全推偏〔註13〕。〈幸偶〉云：

> 凡人操行有賢有愚，及遭禍福，有幸有不幸；舉事有是有非，及觸
> 賞罰，有偶有不偶。並時遭兵，隱者不中；同日被霜，蔽者不傷。
> 中傷未必惡，隱蔽未必善；隱蔽幸，中傷不幸。俱欲納忠，或賞或
> 罰；並欲有益，或信或疑。賞而信者未必真，罰而疑者未必僞，賞
> 信者偶，罰疑不偶也。

仲任即以操行賢愚與禍福，及是非與賞罰之間沒有必然關係的原理，推知人的禍福遭遇「有幸有不幸」、「有偶有不偶」。

他不但以演繹法直接證成其論點，同時也以此法駁斥他說，間接證明其說。對於孟子所言：「莫非天命也，順受其正。是故知命者，不立乎巖牆之下。盡其道而死者，爲正命也；桎梏而死者，非正命也」（〈刺孟〉），仲任即反駁道：

> 夫孟子之言，是謂人無觸值之命也。順操行者得正命，妄行苟爲得
> 非正，是天命於操行也。夫子不王，顏淵早夭，子夏失明，伯牛爲
> 癩，四者行不順與？何以不受正命！比干剖，子胥烹，子路菹，天
> 下極戮，非徒桎梏也。必以桎梏效非命，則比干、子胥行不順也。
> 人稟性命，或當壓、溺、兵、燒，雖或愼操修行，其何益哉！（同
> 上）

仲任以孟子所言「操行正者，當得正命」爲前提，運用演繹法推論出孔子、子夏、顏淵及伯牛等都當得正命。然而事實卻不是如此，因此，斷定孟子盡其道而死者可得正命之說有誤，而進一步主張「命當夭折，雖稟異行，終不得長」（〈命義〉），人操行的好壞與正命，即人的生死壽夭並沒有必然的關係。縱然仲任對孟子所言的「正命」與「非正命」有所曲解〔註14〕，以致推出不同的結論，但單就邏輯的思惟而言，仲任的論證是無可厚非的。

三、歸納法

歸納法和演繹法在思考的順序上相反。是由特殊事實以推知普遍原則，

〔註13〕宋稚青、林如豪合著，《邏輯與科學方法》，頁115、118。
〔註14〕仲任以「至百而死」（〈命義〉），人的壽命爲正命定義，但孟子卻是以人努力
　　　　與否的觀點去說正命、非命正命，可見仲任對「正命」的理解並與孟子不相
　　　　同。

以獲得經驗知識的方法。它以觀察的事實為推理的根據，因此必須經驗正確，推論才可不致錯誤〔註15〕。仲任言命運，即大量採用此法。如〈逢遇〉云：

> 伍員、帛喜，俱事夫差；帛喜尊重，伍員誅死，此異操而同主也。或操同而主異，亦有遇不遇，伊尹、箕子是也。伊尹、箕子，才俱也。伊尹為相，箕子為奴；伊尹遇成湯，箕子遇商紂也。……或以賢聖之臣，遭欲為治之君，而終有不遇，孔子、孟軻是也。孔子絕糧陳、蔡，孟軻困於齊梁，……以大才之臣，遇大才之主，乃有遇不遇，虞舜、許由、太公、伯夷是也。虞舜、許由俱聖人也，並生唐世，俱面於堯，虞舜紹帝統，許由入山林。太公、伯夷俱賢人也，並出周國，皆見武王。太公受封，伯夷餓死。

以聖人及賢人有遇不遇的事實為例，歸納出「操行有常賢，仕宦無常遇。賢不賢，才也，遇不遇，時也。才高行絜，不可保以必尊貴；能薄操濁，不可保以必卑賤。」（同上）可見人能否得到重用與賞識，完全在於時運與機遇。

在〈骨相〉中，仲任更善用歸納法，力申「察表候以知命」之理。他說：

> 傳言黃帝龍顏，顓頊戴干，帝嚳駢齒，堯眉八采，舜目重瞳，禹耳三漏，湯臂再肘，文王四乳，武王望陽，周公背僂，皋陶馬口，孔子反羽。斯十二聖者，皆在帝王之位，或輔主憂世，世所共聞，儒所共說，在經傳者，較著可信。

仲任不僅以古代十二聖賢為證，更以漢高祖劉邦一家、項羽、陳平、韓信等數十人之相與際遇為例，歸納出「案骨節之法，察皮膚之理，以審人之性命，無不應者」（同上），及以骨體知命的結論。

四、典證法

典證法（或是引用法）即是引經典及聖賢之言作為立論的依據。它是一種訴之於權威或訴之於大眾的修辭法，利用一般人對權威的崇拜及對大眾意見的尊重，以增加自己言論的說服力〔註16〕。仲任論事，喜好引經據典，他所引用的典籍遍及詩書六藝，及傳注諸子史書。在命運論中，仲任尤其喜歡

〔註15〕宋稚青、林如豪合著，《邏輯與科學方法》，頁182。
〔註16〕黃慶萱著，《修辭學》（臺北市：三民書局股份有限公司，1994年10月增訂版），頁99。

以各家之言，論證其「有命」的觀點。〈命祿〉云：

> 孔子曰：「死生有命，富貴在天。」魯平公欲見孟子，嬖人臧倉毀孟
> 子而止。孟子曰：「天也！」孔子聖人，孟子賢者，誨人安道，不失
> 是非，稱言命者，有命審也。《淮南書》曰：「仁鄙在時不在行，利
> 害在命不在智。」賈生曰：「天不可與期，道不可與謀。遲速有
> 命，焉識其時？」高祖擊黥布，為流矢所中，疾甚。呂后迎良醫，
> 醫曰：「可治。」高祖罵之曰：「吾以布衣提三尺劍取天下，此非天
> 命乎！命乃在天，雖扁鵲何益！」韓信與帝論兵，謂高祖曰：「陛下
> 所謂天授，非智力所得。」揚子雲曰：「遇不遇，命也。」太史公
> 曰：「富貴不違貧賤，貧賤不違富貴。」是謂從富貴為貧賤，從貧賤
> 為富貴也。夫富貴不欲為貧賤，貧賤自至；貧賤不求為富貴，富貴
> 自得也。

仲任引述前哲聖賢之言，以為貧富有命之根據。他旁徵博引，使其論持之有
故，更是他「博通眾流百家之言」（《後漢書・王充傳》）最佳的佐證。

五、譬喻法

　　在日常生活中，類比的前提往往有所省略，緊縮為一語或一句，稱為譬
喻〔註 17〕。譬喻是一種「借彼喻此」的修辭法，通常是以易知說明難知，以
具體說明抽象，其目的在於使聽者、讀者可以更加明白事理〔註 18〕。仲任即
以為「何以為辯？喻深以淺。何以為智？喻難以易」（〈自紀〉），喜歡以淺近
的事理，或是人們所熟悉的事物來作譬喻。他即以簋廡、栟杅之喻，說明壽
命有長短及形體與壽命相依存的關係，又以囊與粟米、苞瓜之喻，說明「形
不可變，年亦不可增」的道理。〈無形〉云：

> 人稟元氣於天，各受壽夭之命，以立長短之形，猶陶者用埴為簋廡，
> 冶者用銅為栟杅矣。器形已成，不可小大；人體已定，不可減增。
> 用氣為性，性成命定。體氣與形骸相抱，生死與期節相須。形不可
> 變化，命不可減加。以陶冶言之，人命短長，可得論也。

又云：

〔註17〕參見陳大齊著，《實用理則學》（臺北市：遠東圖書公司，1985 年 4 月出版），
　　　　頁 135～136。宋稚青、林如豪合著，《邏輯與科學方法》，頁 197 云：「類比的
　　　　類似點有時用格言或譬喻表達之。」
〔註18〕參見黃慶萱著，《修辭學》，頁 227。

形之血氣也，猶囊之貯粟米也。粟米一石，囊之高大，亦適一石。
如損益粟米，囊亦增減。人以氣爲壽，氣猶粟米，形猶囊也。增減
其壽，亦當增減其身，形安得如故？如以人形與囊異，氣與粟米殊，
更以苞瓜喻之。苞瓜之汁，猶人之血也；其肌，猶肉也。試令人損
益苞瓜之汁，令其形如故，耐爲之乎？人不耐損益苞瓜之汁，天安
耐增減人之年？

透過製陶者、鑄銅者與器皿，仲任說明形體與壽命相依存的關係，即人稟受
之氣的厚薄，不但決定壽命，也決定高矮不同的形體。他又透過囊與粟米、苞
瓜之喻，即藉由人無法增加囊中之粟米與瓜的汁液卻不毀損其外表，暗喻人
不可增加自己的生命而不破壞自己的形體，重申人不可增減其壽命之理。

　　仲任以爲感知、思知、學知是人獲得知識的三途徑，即人可通過自己的
感官、許多相關現象的聯繫思考及向別人學習而獲得知識。且以爲如這三種
途徑都達不到對某事物的認識，則此事物爲不可知〔註19〕。他在談論命運
時，便是基於這樣的觀點，以人獲得知識的途徑爲基礎，運用屬於感知的效
驗法，思知的類比法、演繹法、歸納法、譬喻法，及學知的典證法等，是以
其論明晰有力，批評也切要中肯。

〔註19〕鍾肇鵬、周桂鈿著，《桓譚王充評傳》，頁377。

第六章 命運的字源及王充對命的分類

　　王充以「命」來反映及概括事物的必然性，因此從《論衡》的開始，他就以〈逢遇〉、〈累害〉、〈命祿〉、〈氣壽〉、〈幸偶〉、〈命義〉、〈無形〉、〈率性〉、〈吉驗〉、〈偶會〉、〈骨相〉、〈初稟〉、〈本性〉、〈物勢〉及〈奇怪〉等龐大的篇幅探討命運的問題。而為了使命的觀念能概括現實人生的各種情況，王充便將命的觀念加以細分，並對命的內容作詳細的規定，以「國命」、「人命」、「性命」、「祿命」、「壽命」、「貴賤貧富之命」、「所當觸值之命」、「死生壽夭之命」、「彊弱壽夭之命」、「正命」、「隨命」、「遭命」等概念，分別解釋人生各種命運不同的原因。又「命」與「運」二字具有其原始的意涵，所代表的未必與王充所言相同，因此，本章即透過命與運二字的字源及王充對命的分類，以掌握王充對命運的看法及運用。

第一節　命運的字源

　　命的本義為發號施令的動作，而所發之號令亦稱為「命」。《說文解字》云：「⿰卩⿱𠂤 古文象君坐形。命 使也，从口令。」段玉裁注云：「令者，發號也，君事也。非君而口使之，是亦令也。故曰命者，天之令也。」〔註1〕可見「命」具有「命令」之義。先秦傳統的命運觀，即扣緊命的命令義發展，如《詩經》、《書經》及部份的儒家典籍中所用的「命」字都帶有相當比例的命令義〔註2〕。而由於在上位者皆可發號施令，因此藉由與他字的運用，產生

〔註1〕 許慎撰，段玉裁注，魯實先正補，《說文解字注》（臺北市：黎明文化事業股份有限公司，1994年7月十一版），頁57。
〔註2〕 曾漢塘著，《王充命定觀之淵源與內涵探微》（國立臺灣大學哲學研究所博士

「天命」、「王命」等概念，以區分發號施令的對象。又因發號施令的對象有別，所發之命令的內容也有所不同，因此命的意義也不再局限於「命令」義，而引申出「使命」、「命定」、「命運」或「生命」等意義〔註3〕。但無論「命」作何解釋，「命」字隱含強烈的被限制義，故人們也逐漸以「命」代表人對之無可奈何的某種限制性。

「運」這個字，據《說文解字》云：「迻徙。」段玉裁注云：「釋詁遷運徙也。」〔註4〕它具有運行、運轉、流行的意思，是氣數或氣運〔註5〕，即是氣的運行流轉之義。而運亦可專指國運或世運〔註6〕。而所謂的命運，亦可說是命的運行及流轉，即是以氣的運行流轉之理探討人生之限制性。

王充在其命運論中，雖未出現「運」的概念，但仲任以「命」為物質的氣，以物質之氣去規定命，而命對人生的作用，命在現實人生的表現，即是氣運行與流轉於人生的表現。由於在論人命之外，王充更談論國命，所以他所說的「命」即包括「運」的概念。又現在多把命運等同於命的概念，因此雖然仲任未嘗言「運」，但仍將他言命的理論稱為命運論。

第二節　命的分類

〈命義〉云：「國命勝人命。」對王充而言，不只萬物各有命，國家也有命，而且國家的命運更在個人的命運之上，對個人有舉足輕重的影響。可見仲任為了使命的觀念能對人生發揮更大的解釋作用，因此把命分為人命與國命，且更將人命細分為三。現分別闡析之。

一、人　命

對於人命，仲任以為：

> 凡人遇偶及遭累害，皆由命也。有死生壽夭之命，亦有貴賤貧富之

論文，1996年6月），頁14～15。

〔註3〕曾漢塘以為，根據思想史的考察，「命」字至少具備「命令」、「使命」、「命定」、「命運」及「生命」五義。而各義也彼此具有關聯性。參見同上註，頁9～14。

〔註4〕同註1，頁72。

〔註5〕張永儁主講，謝仁真整理，〈命理與義理〉，頁15。

〔註6〕夏征農主編，《辭海》（臺北市：東華書局股份有限公司，1992年10月初版），頁4678。

命。(〈命祿〉)

　　凡人稟命有二品：一曰所當觸值之命，二曰強弱壽夭之命。(〈氣
　　壽〉)

人所稟之命又可分為「強弱壽夭之命」、「所當觸值之命」及「貴賤貧富之命」。

(一) 強弱壽夭之命

　　「強弱壽夭之命」，是「死生壽夭之命」，也就是人的壽命。是由人出生之時所稟之氣的厚薄所決定。仲任云：

　　稟壽夭之命，以氣多少為主性也。(〈氣壽〉)

　　夫稟氣渥則其體強，體強則其命強；氣薄則其體弱，體弱則命短。
　　命短則多病壽短。始生而死，未產而傷，稟之薄弱也。(同上)

　　人之稟氣，或充實而堅強，或虛劣而軟弱，充實堅強，其年壽；虛
　　劣軟弱，失棄其身。(同上)

稟氣厚，則體堅強；體堅強，壽命自然長。反之，則壽命短。氣的厚薄，決定了人形體的強弱，也決定人了的壽夭及生死。透過氣、形體與壽命三者的關係，仲任說明了人不能對其壽命有所增減的道理。他說：

　　人稟元氣於天，各受壽夭之命，以立長短之形，猶陶者用埴為簋
　　廉，冶者用銅為桮杆矣。器形已成，不可小大；人體已定，不可減
　　增。用氣為性，性成命定。體氣與形骸相抱，生死與期節相須。形
　　不可變化，命不可減加。(〈無形〉)

　　形之血氣也，猶囊之貯粟米也。粟米一石，囊之高大，亦適一石。
　　如損益粟米，囊亦增減。人以氣為壽，氣猶粟米，形猶囊也。增減
　　其壽，亦當增減其身，形安得如故？如以人形與囊異，氣與粟米
　　殊，更以苞瓜喻之。苞瓜之汁，猶人之血也；其肌，猶肉也。試令
　　人損益苞瓜之汁，令其形如故，耐為之乎？……人稟氣於天，氣成
　　而形立，形命相須，以至終死。形不可變化，年亦不可增加。(同
　　上)

人所稟之氣與形體相互依存的關係，就如同粟米與裝有粟米的袋子或瓜的汁液與瓜肉一般。人無法對袋子或瓜子的內容物有所增減，卻不改變其外形，又如何能不改變的自己的外形，而增減氣的厚薄。而氣的厚薄又決定人的壽命

長短，人不能增減氣的厚薄，自然不能增減自我的壽命。仲任即透過「形不可變化」、「形不可變更」（同上）的觀點，論證人的壽命不可增減。〔註7〕

　　然而仲任對於壽命的長短有所規定。他利用歸納法，以歷史人物為證，以為「人年以百為壽」、「不滿百歲為夭者」（〈氣壽〉），一百歲為人的正常壽命，不滿百歲則為夭壽。他說：

> 何以明人年以百歲為壽也？世間有矣。儒者說曰：太平之時，人民伺長，百歲左右，氣和之所生也。〈堯典〉曰：「朕在位七十載。」求禪得舜，舜徵二十歲在位。堯退而老，八歲而終，至殂落九十八歲。未在位之時，必已成人，今計數百有餘矣。又曰：「舜生三十，徵用二十，在位五十載，陟方乃死。」適百歲矣。文王謂武王曰：「我百，爾九十，吾與爾三焉。」文王九十七而薨，武王九十三而崩。周公，武王之弟也，兄弟相差不過十年。武王崩，周公居攝七年，復政退老，出入百歲矣。邵公，周公之兄也，至康王之時，尚為太保，出入百有餘歲矣。聖人稟和氣，故年命得正數。氣和為治平，故太平之世多長壽人。百歲之壽，蓋人年之正數也。（同上）

而他更以百歲去規定三命之一「正命」，以為「正命者至百而死」（〈命義〉），所以「強弱壽夭之命」就是「死生壽夭之命」，是人的壽命，也是人的「正命」。

（二）所當觸值之命

　　仲任以為「凡人受命，在父母施氣之時，已得吉凶矣」（〈命義〉），因此對於人偶然的遭遇，他亦以為是人初稟之氣所決定。他說：

> 所當觸值，謂兵、燒、壓、溺也。（〈氣壽〉）

〔註7〕仲任承認人會因經歷幼兒、青年、壯年及老年的不同時期，而有面貌及形體上的不同。但他認為所謂的「形可變」，是如蠶變蛾般，由一物變為另一物。而人的外貌隨時間改變，是人成長的必經過程，人的本質沒有改變，所以他說人的形體不可變。〈無形〉即云：「蠶食桑老，績而為繭，繭又化而為蛾，蛾有兩翼，變去蠶形。蠐螬化為復育，復育轉而為蟬，蟬生兩翼，不類蠐螬。凡諸命蠕蚑之類，多變其形，易其體；至人獨不變者，稟得正也。生為嬰兒，長為丈夫，老為父翁，從生至死，未嘗變更者，天性然也。天性不變者，不可令復變；變者，不可不變。」又云：「人生至老，身變者，髮與膚也。人少則髮黑，老則髮白，白久則黃。髮之變，形非變也。人少則膚白，老則膚黑，黑久則黯，若有垢矣。髮黃而膚為垢，故《禮》曰：『黃耇無疆。』髮膚變異，故人老壽遲死，骨肉不可變更，壽極則死矣。」

> 兵、燒、壓、溺，遭以所稟爲命，未必有審期也。（同上）
>
> 遭命者初稟氣時遭凶惡也，謂妊娠之時遭得惡也，或遭雷雨之變，
> 長大夭死。（〈命義〉）

人遭遇兵、燒、壓、溺等災禍的偶然遭遇，是由人在母體內受氣時，遭遇惡劣的環境所影響而形成的「所當觸值之命」或「遭命」所致。因它只決定人遭遇變故與否，所以無法確定它到來的日期，而且未必會傷害到人的生命。他進一步的說：

> 遭者，遭逢非常之變。若成湯囚夏臺，文王厄牖里矣。以聖明之德，
> 而有囚厄之變，可謂遭矣。變雖甚大，命善祿盛，變不爲害，故稱
> 遭逢之禍。晏子所遭，可謂大矣，直兵指胸，白刃加頸，蹈死亡之
> 地，當劍戟之鋒，執死得生還。命善祿盛，遭逢之禍，不能害也。
> 歷陽之都，長平之坑，其中必有命善祿盛之人，一宿同填而死，遭
> 逢之禍大，命善祿盛不能卻也。譬猶水火相更也，水盛勝火，火盛
> 勝水。（〈命義〉）

如果像成湯、文王及晏嬰等人般皆稟「命善祿盛」之命，則雖遭變故，但也能九死一生、毫髮無傷。反之，如果命不好，又遭受大禍，自然會受到傷害。總之，人是否能躲避「所當觸值之命」所帶來的災禍，完全取決於「命善祿盛」之命，也就是「貴賤貧富之命」。但仲任也承認有些災禍是「命善祿盛不能卻」（同上）的，它們取決於國命，人命並無法抗拒。

（三）貴賤貧富之命

仲任就人貧富貴賤的遭遇提出「貴賤貧富之命」。他說：

> 凡人遇偶及遭累害，皆由命也。有死生壽夭之命，亦有貴賤貧富之
> 命。自王公逮庶人，聖賢及下愚，凡有首目之類、含血之屬，莫不有
> 命。命當貧賤，雖富貴之，猶涉禍患矣；命當富貴，雖貧賤之，猶
> 逢福善矣。故命貴，從賤地自達；命賤，從富位自危。（〈命祿〉）

命當富貴者，就算一時貧困，也一定會有富貴的一天；反之，命當貧賤者，即使一時富貴，也一定會有貧賤的一天，而決定者是眾星之氣，人根本無法更改。〈命義〉云：

> 至於富貴所稟，猶性所稟之氣，得眾星之精。眾星在天，天有其象。
> 得富貴象則富貴，得貧賤象則貧賤，故曰「在天」。在天如何？天有
> 百官，有眾星。天施氣而眾星布精，天所施氣，眾星之氣在其中矣。

人稟氣而生，含氣而長，得貴則貴，得賤則賤。貴或秩有高下，富或資有多少，皆星位尊卑小大之所授也。故天有百官，天有眾星，地有萬民、五帝、三王之精。天有王梁、造父，人亦有之，稟受其氣，故巧於御。

仲任透過貴賤貧富之命由「星位尊卑小大之所授」（同上），解釋人事上的不同，同時也以此作爲「貴富有命祿，不在賢哲與辯慧」（〈命祿〉）的理論基礎，證成貧富有命，與人無關的論點。而仲任在這裏所說的「貴賤貧富之命」也就是人的「祿命」。

在〈氣壽〉及〈命祿〉中，仲任以「所當觸值之命」及「貴賤貧富之命」分別說明人好與壞的遭遇，就二者同樣是論述人遭遇的觀點而言，「貴賤貧富之命」與「所當觸值之命」，同爲人的「外遭之命」〔註8〕，兩者大同小異〔註9〕。但由「貴賤貧富之命」是「祿命」的觀點來看，「貴賤貧富之命」與「所當觸值之命」卻又不盡相同。因爲在〈命義〉中，他提出「命善祿盛，遭逢之禍，不能害也」、「變雖甚大，命善祿盛，變不爲害」，以爲人的命祿厚，當可逢凶化吉，如此「貴賤貧富之命」對人的影響自然是在「所當觸值之命」之上。又「所當觸值之命」與「貴賤貧富之命」來源不同，如此更足以確定仲任所說的「所當觸值之命」與「貴賤貧富之命」並不雷同，而是把「貴賤貧富之命」視爲人「正命」的一部分。〔註10〕

由此可見，仲任對人命的分類，有不夠詳實且相互混淆之處。也因此，雖然仲任明白的指出「人稟命有二品」（〈氣壽〉），但筆者仍將命分爲三類。

〔註8〕 田鳳台著，《王充思想析論》（臺北市：文津出版社，1988 年 8 月出版），頁59。

〔註9〕 陳拱著，《王充思想評論》，頁252云：「所謂『所當觸值之命』，依其下文的解釋——如兵、燒、壓、溺——看，則是指遭遇災禍而說的。遭遇災禍是指遭遇壞的一方面。遭遇有壞的，自然亦有好的。王充既然從遭遇壞的一方面說所當觸值之命，則從遭遇好的一方面，也是同樣可以說的。因此，王充這裏所謂『所當觸值之命』，實與〈命祿〉所謂『貴賤貧富之命』是完全相同的。這是命的一類。」

〔註10〕 仲任云：「正命，謂本稟之自得吉也。性然骨善，故不假操行以求福而吉自至，故曰正命。」（〈命義〉）即是把人的「貴賤貧富之命」視爲正命。但由於仲任也以「強弱壽夭之命」去規定「正命」，因此，只能說「貴賤貧富之命」是「正命」的一部分。馮友蘭亦認爲「死生壽夭之命」與「貴賤貧富之命」，這兩部分合起來，就是所謂「正命」。參見其所著，《中國哲學史新編》，冊三，頁302。

　　然而仲任之所以提出「人稟命有二品」（同上），也並非無的放矢。因爲他旨在針對當時流行的「三命說」，是以反對「隨命」的立場而發。他說：

　　傳曰：「說命有三：一曰正命，二曰隨命，三曰遭命。」正命，謂本稟之自得吉也。性然骨善，故不假操行以求福而吉自至，故曰正命。隨命者，戮力操行而吉福至，縱情施欲而凶禍到，故曰隨命。遭命者，行善得惡，非所冀望，逢遭於外，而得凶禍，故曰遭命。（〈命義〉）

　　行惡者禍隨而至，而盜跖、莊蹻橫行天下，聚黨數千，攻奪人物，斷斬人身，無道甚矣，宜遇其禍，乃以壽終。夫如是，隨命之說，安所驗乎？遭命者，行善於內，遭凶於外也。若顏淵、伯牛之徒，如何遭凶？顏淵、伯牛，行善者也，當得隨命，福祐隨至，何故遭凶？……行善當得隨命之福，乃觸遭命之禍，何哉？言隨命則無遭命，言遭命則無隨命，儒者三命之說，竟何所定？（同上）

當時流行的三命說以爲「隨命」是人行善得福，行惡得禍，「遭命」是人行善卻得禍，行惡卻未必得禍。但以盜跖、莊蹻及顏淵、伯牛爲例，有「隨命」就無「遭命」，有「遭命」就無「隨命」。仲任徹底反對「隨命」，即反對當時善惡有報的觀點。對「隨命」，他也提出自己的見解，他說：「隨命者五十而死」（同上），即人活到五十歲。由於仲任反對「隨命」，因此對「隨命」的解釋，並未作任何論證。這樣的觀點，可說是他僅僅爲了駁斥善惡必報的隨命說而提出的不成熟觀點。〔註11〕

　　總之，仲任爲了反對「三命說」，因此以反對「隨命」的立場提出「人稟命有二品」（〈氣壽〉）的觀點，以人的壽命，即人的「強弱壽夭之命」去規定「正命」，以人的「所當觸值之命」去規定「遭命」，且將人的貧賤富貴之命、祿命統括於「正命」之下，而人的一生就受制於「所當觸值之命」及「強弱壽夭之命」或「正命」與「遭命」，根本無法改變和逃脫。

二、國　命

　　王充在〈異虛〉云：

　　人之死生，在於命之夭壽，不在行之善惡；國之存亡，在期之長短，不在於政之得失。

―――――――――――――――――

〔註11〕周桂鈿著，《虛實之辨──王充哲學的宗旨》，頁105。

清楚的表達不僅人各有命，國亦有命的觀點。他認為：

> 夫世之所以為亂者，不以盜賊眾多，兵革并起，民棄禮義，負畔其
> 上乎？若此者，由穀食乏絕，不能忍饑寒。夫饑寒并至而能無為非
> 者寡，然則溫飽并至而能不為善者希。傳曰：「倉廩實，民知禮節；
> 衣食足，民知榮辱。」讓生於有餘，爭起於不足。穀足食多，禮義
> 之心生；禮豐義重，平安之基立矣。……案穀成敗，自有年歲。年
> 歲水旱，五穀不成，非政所致，時數然也。（〈治期〉）

當百姓日用的衣食等基本物質無法得到滿足時，不僅造成盜賊眾多、戰爭並
起、民棄禮義的情況，最終會導致社會的混亂及國家的不安。而衣食的匱乏
卻是導因於五穀的收成；五穀的收成好壞與否，卻又是時數所致。因此，他
推論國家的治亂興亡，與為政者沒有必然的關係，而進一步的說國命才是真
正決定國家治亂興亡的關鍵。〈治期〉便云：

> 世謂古人君賢則道德施行，施行則功成治安；人君不肖則道德頓
> 廢，頓廢則功敗治亂。古今論者，莫謂不然。何則？見堯、舜賢聖致
> 太平，桀、紂無道致亂得誅。如實論之，命期自然，非德化也。
>
> 教之行廢，國之安危，皆在命時，非人力也。夫世亂民逆，國之危
> 殆災害，繫於上天。賢君之德不能消卻。（同上）

又云：

> 人皆知富饒居安樂者命祿厚，而不知國安治化行者歷數吉也。故世
> 治非賢聖之功，衰亂非無道之致。國當衰亂，賢聖不能盛；時當治，
> 惡人不能亂。世之治亂，在時不在政；國之安危，在數不在教。賢
> 不賢之君，明不明之政，無能損益。（同上）

政教是否通行，國家是否安定，取決於國家的「命時」、「命期」、「歷數」，即
由眾星所決定的自然國命〔註12〕，並非由人君的道德教化所致。而就算有賢
君聖人，他們也只「能治當安之民」（同上），而「不能化當亂之世」（同上），
對國家的治亂興亡也無能為力。總之，人與國家的治亂兩不相干。

雖然人的一生主要受制於個人所稟之命，但由於仲任將國家的概念置於
個人之前，因此認為「國命勝人命」（〈命義〉），人命受國命所主宰，當國家
有難時，縱然個人稟受好命，也難逃災禍。他以歷史事件為例說：

> 歷陽之都，男女俱沒，長平之坑，老少並陷，萬數之中，必有長命

〔註12〕〈命義〉云：「國命繫於眾星。列宿吉凶，國有禍福，眾星推移。」

未當死之人，遭時衰微，兵革並起，不得終其壽。人命有長短，時
有盛衰，衰則疾病，被災蒙禍之驗也。宋、衛、陳、鄭同日並災，
四國之民必有祿盛未當衰之人，然而俱滅，國禍陵之也。故國命勝
人命，壽命勝祿命。（同上）

而個人命運之良窳便在「國命勝人命」的前提下喪失其作用與意義。

　　總之，仲任透過人命及國命的概念試圖對人生現實作出解釋，以「國命勝人命，壽命勝祿命」（同上）為基礎，將人的遭遇完全概括於命的概念之下。現將王充對命的分類表列如下：

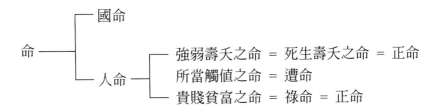

第七章　命與人生的關係
——遇、遭、幸、時、偶、骨相的作用

　　王充對人生的遭遇以及社會各種複雜的情狀，雖然作出「莫不有命」（〈命祿〉）的解釋，但他同時主張這兩者無非是一系列的偶然現象，與個人的行為沒有必然的因果聯繫，而且人無法加以掌握及預知，因此「命」亦是通過一系列的偶然現象，即「遇」、「遭」、「幸」「時」、「偶」等概念來表現及作用於人生，所以他說「人有命，有祿，有遭遇，有幸偶」（〈命義〉），以便對實際人生各種不同的情況有更充分的解釋。〔註1〕

　　此外，為了解釋人為何會有不符於個人所稟之命的各種遭遇、情況，仲任特別強調「時」的概念〔註2〕，以為「時」有至與未至之別，「時」至則彰顯所稟之命的各條件自然而至，所稟之命則自然呈現。以「時」的概念替人生的遭遇作出更詳盡的詮釋。

　　又仲任以為「凡人稟貴命於天，必有吉驗見於地。見於地，故有天命也。驗見非一，或以人物，或以禎祥，或以光氣」（〈吉驗〉）、「人命稟於天，則有表候見於體」（〈骨相〉），人的命運通過各種途徑表現出來，而人的骨相即為其一。因此本章即透過「遇」、「遭」、「幸」、「偶」、「時」及「骨相」與「命」的關係，全面掌握命對人生的作用。

〔註 1〕徐復觀著，《增訂兩漢思想史》，冊二，頁629云：「為了使命的觀念能對現實人生，發揮更大的解釋能力，便須把命的觀念更細分下來，以適應現實的各種情況。」

〔註 2〕在《論衡》中，仲任對「遇」的概念提及六次，「遭」六次，「幸」四次，而「時」卻有十八次之多。參見《論衡通檢》（臺北市：成文出版社，1968年4月出版），頁127、128、146、65。

第一節 「遇」與「命」

在《論衡》的首篇〈逢遇〉，王充就他本身的體會及對人生的觀察，以「遇」與「不遇」的觀點來探討命運的問題。對於「遇」，他有這樣的闡析：

> 能不預設，說不宿具，邂逅逢喜，遭觸上意，故謂之「遇」。如准主調說，以取尊貴，是名為「揣」，不名曰「遇」。春種穀生，秋刈穀收，求物得物，作事事成，不名為「遇」。不求自至，不作自成，是名為「遇」。猶拾遺於塗，摭棄於野，若天授地生，鬼助神輔，禽息之精陰薦，鮑叔之魂默舉。若是者，乃「遇」耳。（〈逢遇〉）

> 遇者，遇其主而用也。（〈命義〉）

「遇」就是「不求自至，不作自成」，是一種出乎意料、不期而碰巧遇到君主滿意，符合心意，進而被賞識重用的偶然機會。它就像在路上偶然碰巧撿到別人的東西，並不是人有計劃、有所作為便可奏效。反之，如果人迎合世俗、猜測在位者的心意，而調整自己的行為、主張，藉此取得權位，這是「揣」，而不是「遇」。而仲任亦認為「人主好惡無常」（〈逢遇〉），因此「揣」也未必能「遇」。王充云：

> 故賢不肖可豫知，遇難先圖。何則？人主好惡無常，人臣所進無豫；偶合為是，適可為上。進者未必賢，退者未必愚，合幸得進，不幸失之。（同上）

> 世可希，主不可准也；說可轉，能不可易也。世主好文，己為文則遇；主好武，己則不遇。主好辯，有口則遇；主不好辯，己則不遇。文王不好武，武主不好文；辯主不好行，行主不好辯。（同上）

由於「人主好惡無常」而導致的「遇」與「不遇」的複雜情況，仲任亦就他對歷史的了解，歸結出以下幾種情況：

（一）異操同主

指不同操行的人由於君主的喜好，而有不同的遭遇。帛喜受重視，伍子胥被殺害就是最佳的例證。〈逢遇〉云：

> 或時賢而輔惡；或以大才從於小才；或俱大才，道有清濁；或無道德，而以技合；或無技能，而以色幸。伍員、帛喜，俱事夫差；帛喜尊重，伍員誅死，此異操而同主也。

人只要投君所好，無才者亦可「遇」，有才者也未必可「遇」。

（二）操同而主異

指同具才德之人，遇到不同的君主，而有不同的遭遇。〈逢遇〉云：

> 操同而主異，亦有遇不遇，伊尹、箕子是也。伊尹、箕子，才俱也。
> 伊尹爲相，箕子爲奴；伊尹遇成湯，箕子遇商紂也。夫以賢事賢君，
> 君欲爲治，臣以賢才輔之，趨舍偶合，其遇固宜。以賢事惡君，君
> 不欲爲治，臣以忠行佐之，操志乖忤，不遇固宜。

賢君與賢人好惡、目標一致，賢人又碰到賢君，自然會遇；反之，惡君與賢人的好惡、目標不同，賢人碰到惡君，則自然無法受重用。

（三）主不能用大才

君主才能比不上聖賢，雖有心聽納聖賢治國之言，但因其能力所限，而深覺聖賢之言窒礙難行，是以無法重用聖賢，終使聖賢不遇。〈逢遇〉即云：

> 或以賢聖之臣，遭欲爲治之君，而終有不遇，孔子、孟軻是也。孔
> 子絕糧陳、蔡，孟軻困於齊、梁，非時君主不用善也；才下知淺，
> 不能用大才也。夫能御驥騄者，必王良也；能臣禹、稷、皋陶者，
> 必堯、舜也。御百里之手，而以調千里之足，必有摧衡折軛之患；
> 有接具臣之才，而以御大臣之知，必有閉心塞意之變。故至言棄
> 捐，聖賢距逆，非憎聖賢，不甘至言也。聖賢務高，至言難行也。
> 夫以大才干小才，小才不能受，不遇固宜。

孔子與孟子之不遇，即是屬於這樣的情況。

（四）道有精粗，志有清濁

〈逢遇〉云：

> 以大才之臣，遇大才之主，乃有遇不遇，虞舜、許由、太公、伯夷
> 是也。虞舜、許由俱聖人也，並生唐世，俱面於堯，虞舜紹帝統，
> 許由入山林。太公、伯夷俱賢人也，並出周國，皆見武王。太公受
> 封，伯夷餓死。夫賢聖道同、志合、趨齊，虞舜、太公行耦，許由、
> 伯夷操違者，生非其世，出非其時也。道雖同，同中有異；志雖合，
> 合中有離。何則？道有精麤，志有清濁也。

大才之人遇上雄才大略之君，雖有可遇的機會，但也可能因爲時代、環境所需的人才，與大才之人的理想及志趣不合，或是大才之人與君主的操行、作爲無法配合而不遇。

　　總之，「遇」與「不遇」的條件與情況是錯綜複雜的，其關鍵不在於自身才能的高低，也不在於君主的賢與不賢，而在於一切無法預先揣測得知的主、客觀條件偶然、自然相合，即自身的條件與君主的喜好相符合的情況下，才有可能。仲任即云：「偶合爲是，適可爲上」（同上）。又仲任亦將「遇」與「偶」視爲相同的概念，可見他特別強調「遇」及「不遇」與人之間偶然的關係。他說：

> 舉事有是有非，及觸賞罰，有偶有不偶。……俱欲納忠，或賞或罰；並欲有益，或信或疑。賞而信者未必眞，罰而疑者未必僞，賞信者偶，罰疑不偶也。（〈幸偶〉）

> 偶者，謂事君也。以道事君，君善其言，遂用其身，偶也；行與主乖，退而遠，不偶也。（〈命義〉）

雖然「遇」或「不遇」是自然、偶然的機會，但背後仍有賴於其他必然的因素推動。仲任即云：

> 操行有常賢，仕宦無常遇。賢不賢，才也；遇不遇，時也。（〈逢遇〉）

> 仕宦有時。（同上）

> 窮達有時，遭遇有命也。（〈禍虛〉）

> 凡人遇偶及遭累害，皆由命也。（〈命祿〉）

> 命當貴，時適平；期當亂，祿遭衰。治亂成敗之時，與人興亡吉凶適相遭遇。（〈偶會〉）

一切「遇」的主、客觀條件，只有在適當的「時」下，才會自然遇合。而「治亂成敗之時，與人興亡吉凶適相遭遇」（同上），「時」又是受制於各人所稟之命，因此，「遇」與「不遇」，不僅有賴於「時」的出現，更受制於人所稟之命。

　　仲任以「遇其主而用」（〈命義〉）爲「遇」與「不遇」定義，又在《論衡》首篇對「遇」與「不遇」的原因作大篇幅的分析，由此可見他深受自身「仕數不耦」（〈自紀〉）、「仕數不遇」（〈逢遇〉）的遭遇所影響，且無法對遭受冷落的遭遇釋懷。因此，他將人的「遇」與「不遇」歸於「時」、「命」，而說：

> 操行有常賢，仕宦無常遇。賢不賢，才也；遇不遇，時也。才高行

絜，不可保以必尊貴；能薄操濁，不可保以必卑賤。或高才絜行，
不遇，退而下流；薄能濁操，遇，在眾上。世各自有以取士，士亦
各自得以進。進在遇，退在不遇。處尊居顯，未必賢，遇也；位卑
在下，未必愚，不遇也。(〈逢遇〉)

遇與不遇與自身的行為沒有必然的關係，只是偶然的機會。「命不可勉」(〈命
祿〉)、「時不可力」(同上)，仕宦之時亦不可求，因此人只有等待命運的安
排。而「遇」與「不遇」更是「命」作用於人生的具體表現。

第二節　「遭」、「幸」與「命」

「遇」與「不遇」是命運作用於人生的一種表現。然而人生不單只限於
官場上的「遇」與「不遇」，而是由更多複雜、無法預知的偶然遭遇所交織而
成的。因此，仲任亦以人生遭遇的偶然性，提出「遭」與「幸」的概念。對
於「遭」，他說：

凡人仕宦有稽留不進，行節有毀傷不全，罪過有累積不除，聲名有
暗昧不明。才非下，行非悖也；又知非昏，策非昧也；逢遭外禍，
累害之也。(〈累害〉)

遭者，遭逢非常之變。若成湯囚夏臺，文王厄牖里矣。以聖明之德，
而有囚厄之變，可謂遭矣。(〈命義〉)

遭命者，行善得惡，非所冀望，逢遭於外，而得凶禍，故曰遭命。
(同上)

遭命者初稟氣時遭凶惡也，謂妊娠之時遭得惡也，或遭雷雨之變，
長大夭死。(同上)

亦有三性：有正，有隨，有遭。……遭者，遭得惡物象之故也。(同
上)

「遭」是有才德的人，卻碰到意想不到的災禍、打擊或累害，而使官途受
阻，甚至遭受牢獄之災。「遭」亦是當人在受胎稟氣之時，受到惡劣環境或事
物所影響，傷害了原本所稟之氣，而改變了原來所稟的命運及本性。一般而
言，「遭」是指人生中的種種遭遇、情況，包括好的及不好的，但仲任卻只以
與個人行為完全無關，且為人意想不到的災禍遭遇為「遭」。仲任這種看法，
無非是要強調人生際遇的偶然性。

此外，仲任亦以自身的行為與行為的後果是否一致說「幸」與「不幸」，
他說：

> 幸者，謂所遭觸得善惡也。獲罪得脫，幸也；無罪見拘，不幸也。
> 執拘未久，蒙令得出，命善祿盛，天災之禍不能傷也。（〈命義〉）

> 凡人操行有賢有愚，及遭禍福，有幸有不幸。（〈幸偶〉）

> 災氣加人，亦此類也，不幸遭觸而死，幸者免脫而生。不幸者，不
> 徼幸也。（同上）

偶然碰到利己的事，若能僥倖免禍得福，是幸，反之，偶然碰到害己的事，
若不能僥倖免禍得福，就是不幸。亦可說行善得禍，是不幸；行惡得福，則
是幸。而仲任亦就此觀點贊許孔子：「君子有不幸而無有幸；小人有幸而無不
幸」（同上）。

而「俱行道德，禍福不均；並行仁義，利害不同」（同上），與碰到相同
的災禍，卻有不同後果的情形，亦在於幸與不幸。仲任云：

> 並時遭兵，隱者不中；同日被霜，蔽者不傷。中傷未必惡，隱蔽未
> 必善；隱蔽幸，中傷不幸。（同上）

> 修身正行，不能來福；戰栗戒慎，不能避禍。禍福之至，幸不幸也。
> 故曰：得非己力，故曰之福；來不由我，故謂之禍。（〈累害〉）

人們都以為「服聖賢之道，講仁義之業，宜蒙福祐」（同上），然而事實證明
顏回、伯牛之賢，無補於其不幸；閔儒、藉儒之無德，卻不損其幸〔註3〕，
可見「幸」及「不幸」與善惡、賢愚無必然的關係，乃是人遭遇的一種偶
然性。

仲任以為人遇到意外的打擊及災害，是謂「遭」，而能否逢凶化吉，便是
在於「幸」與「不幸」。而「遭」與「幸」皆與人的行為完全無關，而是在於
人的命運。他說：

> 所當觸值……遭以所稟為命。（〈氣壽〉）

> 遭者，遭逢非常之變。若成湯囚夏臺，文王厄牖里矣。以聖明之德，
> 而有囚厄之變，可謂遭矣。變雖甚大，命善祿盛，變不為害，故稱
> 遭逢之禍。……命善祿盛，遭逢之禍，不能害也。（〈命義〉）

〔註3〕〈幸偶〉云：「伯牛有疾，亦復顏回之類，俱不幸也。」又云：「佞幸之徒，
閔、藉儒之輩，無德薄才，以色稱媚，不宜愛而受寵，不當親而得附，非道
理之宜。」

> 幸者，謂所遭觸得善惡也。獲罪得脫，幸也；無罪見拘，不幸也。
>
> 執居未久，蒙令得出，命善祿盛，天災之禍不能傷也。（同上）

人皆稟「所當觸值之命」、「死生壽夭之命」及「貴賤貧富之命」。而「所當觸值之命」，即「遭命」，是決定人是否遭逢變故的主因，因此，人生「遭」與「不遭」的真正主宰者便是「所當觸值之命」及「遭命」。又人雖有所「遭」，但只要「命善祿盛」（同上），即所稟受的「死生壽夭之命」與「貴賤貧富之命」未當盡，則遭逢之禍便不能害、天災之禍亦不能傷，如此則是幸。可見，「幸」與「不幸」亦在於命。

總之，仲任以「遭」與「幸」解釋人生遭遇的偶然性。而這些偶然的現象，其實也只是表面偶然如此，在它們的背後仍有必然的「命」作最終的主宰。

第三節 「時」與「命」

仲任將人生的種種遭遇歸因於「遇」、「遭」、「幸」等與人行為沒有必然關係的偶然性。然而人生的遭遇是複雜的，並不是「遇」、「遭」或「幸」單一因素作用於人生就可形成的，而是由這些因素彼此相互作用而產生。因此，仲任特別提出「時」，即時機、時運或時勢的概念，以為有賴於「時」，命運對人生的作用才可充份彰顯出。他說：

> 白圭、子貢轉貨致富，積累金玉，人謂術善學明，非也。主父偃辱賤於齊，排擯不用，赴闕舉疏，遂用於漢，官至齊相。趙人徐樂亦上書，與偃章會，上善其言，徵拜為郎。人謂偃之才，樂之慧，非也。……皆命祿貴富善至之時也。（〈命祿〉）
>
> 操行有常賢，仕宦無常遇。賢不賢，才也；遇不遇，時也。（〈逢遇〉）
>
> 偶適然自相遭遇，時也。（〈偶會〉）

每個人在不同的時期，可能會有不同的時運，而有不同的遭遇。時運會使形成符合此時應有的各種條件、因素自然相合。如果時運佳，則自然可「遇」，而就算遭受災禍，亦能幸運地逢凶化吉。反之，如果時運不濟，則可能由「遇」而變為「不遇」，遭受災害，亦可能無法幸免於難。

仲任亦認為由於彰顯人命運的時機有到與未到之別，因此人雖各有所稟

之命，但卻也可能遭逢與所稟之命不符之遭遇。又一時的遭遇，可能只彰顯當時的時運，而不是自己所稟之命運。他說：

> 代王自代入爲文帝，周亞夫以庶子爲條侯。此時代王非太子，周亞夫非適嗣，逢時遇會，卓然卒至。（〈命祿〉）

> 故夫臨事知愚，操行清濁，性與才也；仕宦貴賤，治產貧富，命與時也。（〈命祿〉）

> 太公窮賤，遭周文而得封；寧戚隱厄，逢齊桓而見官。非窮賤隱厄有非，而得封見官有是也。窮達有時，遭遇有命也。……虞舜爲父弟所害，幾死再三；有遇唐堯，堯禪舜，立爲帝。嘗見害，未有非；立爲帝，未有是。前，時未到；後，則命時至也。……一身之行，一行之操，結髮終死，前後無異，然一成一敗，一進一退，一窮一通，一全一壞，遭遇適然，命時當也。（〈禍虛〉）

漢文帝、周亞夫、姜太公等人先前雖未爲王、爲侯、爲臣，但「時」至，他們所稟的富貴之命便自然彰顯。因此，我們亦可說，如果命當富貴，而時機又至，則能彰顯出所稟之富貴之命，而得富貴；反之，如果命當富貴，但時機未到，命所稟之富貴便無法彰顯，而有不符其所稟之命的遭遇。進一步的說，人所稟之命唯有在適當的時機下才可能彰顯。而人一生的遭遇，就在「時」、「遇」、「遭」、「幸」的相互作用下，不只單純的反映出人所稟之命，更呈現出複雜且無法掌握的現象。所以仲任說：

> 故夫遭、遇、幸、偶，或與命祿並，或與命祿離。遭遇幸偶，遂以成完，是與命祿並者；遭遇不幸偶，遂以敗傷，中不遂成，善轉爲惡，是與命祿離者也。（〈命義〉）〔註4〕

「時」是人命運彰顯與否的主要關鍵，亦是人一時遭遇的主要決定者，但「時」至與否，時運的好壞，亦受制於人所稟之命。仲任云：

> 命者，貧富貴賤也；祿者，盛衰興廢也。以命當富貴，遭當盛之祿，常安不危；以命當貧賤，遇當衰之祿，則禍殃乃至，常苦不樂。（同上）

> 命當貴，時適平；期當亂，祿遭衰。治亂成敗之時，與人興衰吉凶

〔註4〕徐復觀以爲這裏所說的「祿」就是「時」。參見其所著，《增訂兩漢思想史》，冊二，頁629。

適相遭遇。(〈偶會〉)

凡人窮達禍福之至,大之則命,小之則時。……窮達有時,遭遇有
命也。(〈禍虛〉)

命貴時吉,當遇福喜之應驗也。(〈死偽〉)

「時」只決定人一時的窮達遭遇,命當富貴者,必有當盛之時,命當貧賤者,
必遇當衰之日,所以「命」亦為「時」的決定因素,為人生遭遇的最大主宰
者。因此仲任認為「命當貧賤,雖富貴之,猶涉禍患矣;命當富貴,雖貧賤
之,猶逢福善矣。故命貴,從賤地自達;命賤,從富位自危」(〈命祿〉),人
雖可靠時運而富、而貴,但這樣的富貴只是曇花一現,終究不敵人所稟的貧
賤之命,而在時運消失之時隨之消失。

而不僅人「窮達有時」(〈禍虛〉),國家的治亂,亦在於「時」。〈治期〉
云:

教之行廢,國之安危,皆在命時,非人力也。夫世亂民逆,國之危
殆災害,繫於上天,賢君之德不能消卻。

國當衰亂,賢聖不能盛;時當治,惡人不能亂。世之治亂,在時不
在政;國之安危,在數不在教。賢不賢之君,明不明之政,無能損
益。

〈定賢〉亦云:

治國須術以立功,亦有時當自亂,雖用術,功終不立者;亦有時當
自安,雖無術,功猶成者。故夫治國之人,或得時而功成,或失時
而無效。術人能因時以立功,不能逆時以致安。良醫能治未當死之
人命,如命窮壽盡,方用無驗矣。故時當亂也,堯、舜用術,不能
立功。

政教是否通行,國家是否安定,取決於國家之「時」,即國家的時勢。而國家
之「時」,是取決於眾星所決定的國命,因此,國家處於當亂之時,即使是
堯、舜,也無法運用任何方法救亡圖存,而國家處於當治之時,就算沒有運
用任何方法,國家自然的穩定發展。無論如何,人君的道德教化及聖賢的治
國方法,對於國家的治亂皆沒有任何的影響。

不論是人的盛衰之時或是國家的治亂之時皆受制於人所稟之命及國命,
都是人力所無法自主及改變的。而在「國命勝人命」(〈命義〉)的前提下,國

家之時運亦對個人盛衰之時運有必然的影響，因此，仲任亦云：「時厄，聖不能自免」（〈定賢〉）。

第四節　「偶」與「命」

對於人生遭遇的「偶」，即偶然性，是仲任在其命運論中所一再強調的。不論是「遇」、「遭」、「幸」，或是「命」本身的形成及對這些因素的作用，偶然性皆扮演著重要的角色。在〈命義〉中仲任雖明確的將「偶」定義為「謂事君也。以道事君，君善其言，遂用其身，偶也；行與主乖，退而遠，不偶也」，在〈幸偶〉亦云：「舉事有是非，及觸賞罰，有偶有不偶」，以合不合君主之意而獲得賞罰的觀點去說「偶」、「不偶」，然而這樣的解釋，與他所說的「遇」是相通的，又在《論衡》其他諸篇中，仲任皆著重「偶」的偶然性之義，因此本節即是透過偶然性與命的關係為著墨點，來探討偶然性與人生的關係。

首先，仲任便以為萬物的生命及命運的形成，是偶然如此，巧合而成的自然現象。他說：

> 俱稟元氣，或獨為人，或為禽獸。並為人，或貴或賤，或貧或富。富或累金，貧或乞食；貴至封侯，賤至奴僕。非天稟施有左右也，人物受性有厚薄也。（〈幸偶〉）

> 命，吉凶之主也，自然之道，適偶之數，非有他氣旁物厭勝感動使之然也。（〈偶會〉）

天地萬物皆稟元氣而生，但有的能成為人類，有的卻成為禽獸。又雖同稟氣為人，卻也會有貴賤之分、貧富之別。人與萬物的命運及差別，皆是天自然施氣而偶然造成的結果，與主宰者無關。

因此，不論是自然界或是人生遭遇的各種現象，仲任亦認為是自然而然、偶然如此的現象。也就是說，受制於命而表現於人生的「遇」、「遭」、「幸」、「時」，亦只是碰巧偶合、自然的相互作用，自然而然的彰顯人的命運，並不會因為有什麼目的而有意識的相互作用。仲任即云：

> 人臣命有吉凶，賢不肖之主與之相逢。文王時當昌，呂望命當貴；高宗治當平，傅說德當遂。非文王、高宗為二臣生，呂望、傅說為兩君出也，君明臣賢，光曜相察，上修下治，度數相得。（同上）

> 顏淵死，子曰：「天喪予！」子路死，子曰：「天祝予！」孔子自傷
> 之辭，非實然之道也。孔子命不在王，二子壽不長也。不王，不
> 長，所稟不同，度數並放，適相應也。二龍之袄當效，周屬適閭
> 檜；褒姒當喪周國，幽王稟性偶惡。非二龍使屬王發孽，褒姒令幽
> 王愚惑也，遭逢會遇，自相得也。僮謠之語當驗，鬥雞之變適生；
> 鸜鵒之占當應，魯昭之惡適成。非僮謠致鬥競，鸜鵒招君惡也，期
> 數自至，人行偶合也。堯命當禪舜，丹朱爲無道；虞統當傳夏，商
> 均行不軌。非舜、禹當得天下能使二子惡也，美惡是非適相逢也。
>
> （同上）

人間一切遭遇都是「度數相得」、「度數並放，適相應」、「遭逢會遇，自相得」及「期數自至，人行偶合」，即能構成人生各種遭遇的各方面因素自然相遇，且自然相互作用而形成的。他們的形成及作用只在於實踐個人自身的命運，而不會影響他人的命運，就如周文王、殷高宗不是爲呂望、傅說而生，反之，呂望、傅說二臣也不是爲了二主而出。又堯、舜命中注定要禪讓於舜、禹，所以便自然遇到不善的子孫，而不是因爲舜、禹注定得天下，所以影響丹朱、商均二人之命，使其二人皆爲惡。自己的命運只受自己所稟之命所主宰，與他人的命運無關，亦不會影響他人的命運。

仲任又云：

> 壞屋所壓，崩崖所墜，非屋精崖氣殺此人也，屋老崖沮，命凶之
> 人，遭居適履。月毀於天，螺消於淵；風從虎，雲從龍。同類通
> 氣，性相感動。若夫物事相遭，吉凶同時，偶適相遇，非氣感也。
>
> （同上）
>
> 丈夫有短壽之相，娶必得早寡之妻；早寡之妻，嫁亦遇夭折之夫。
>
> （同上）
>
> 軍功之侯必斬兵死之頭，富家之商必奪貧室之財。削土免侯，罷退
> 令相，罪法明白，祿秩適極。故屬氣所中，必加命短之人；凶歲所
> 著，必饑虛耗之家矣。（同上）

命當遭凶而死的人，必定會恰巧住在即將倒塌的房子。短命之夫，必定娶到命爲早寡之妻。命要建立軍功封侯之人，也必定斬殺命當戰死沙場之兵。無論如何，這些現象是「命」自然而然、無意識的作用而形成，但由於「命」對萬物有必然的決定性，因此形成某一遭遇的各種條件必定會自然相遇、偶

然相合。所以「命」對仲任而言是一「自然的必然之命」。〔註5〕

　　命由氣偶然的決定後，又對「遇」、「遭」、「幸」等人生偶然現象有必然的決定性，即會保證實踐命的這些條件自然相合。也就是說，偶然稟氣之偶然性決定了人生遭遇的必然影響力「命」，而這一必然性卻有通過一系列表面上的偶然現象來實現，即必然之命又決定了偶然的現象。總之，人生的遭遇就在偶然決定必然，必然又呈現、決定偶然的狀態中表現出其自然而然、卻又無法讓人掌握、預知的複雜現象。

　　總之，仲任藉「命」及「遇」、「遭」、「幸」、「時」彼此間的相互作用來說明人生的複雜遭遇。對於人生，仲任亦有這樣感嘆，他說：

> 人之在世，有吉凶之性命，有盛衰之禍福，重以遭遇幸偶之逢，獲從生死而卒其善惡之行，得其胸中之志，稀矣！（〈命義〉）

人生在世，不僅受制於吉凶之命，盛衰禍福之時，又有遭、遇、幸等無法自我掌握的各種因素，以致難以保持自己的操行，甚至實現自我的理想和抱負。因此他也以為「命則不可勉，時則不可力，知者歸之於天，故坦蕩恬忽」（〈命祿〉），要人心胸坦然面對不可勉之命，不可求之時。但命所呈現的是一系列偶然、充滿變數的現象，人要如何掌握、了解，進而坦然面對這些現象呢？仲任則藉由「骨相」來說明。

第五節　「骨相」與「命」

　　王充相當重視「骨相」及「知命之術」。他以為骨相為人命運的表相，透過知命之術，人即能預知自己的命運。他說：

> 人以氣為壽，形隨氣而動。氣性不均，則於體不同。（〈無形〉）
>
> 人曰命難知。命甚易知。知之何用？用之骨體。人命稟於天，則有表候見於體。察表候以知命，猶察斗斛以知容矣。表候者，骨法之謂也。（〈骨相〉）
>
> 類同氣鈞，性體法相固自相似。（同上）

人稟氣而生，形體也是隨氣而長。不同的氣性會在不同的骨骼形體上有不同的表現，反之，相同的氣性會在不同的骨骼形體上表現出相似的特徵。因此「骨相」可說是個人所稟之命的表徵。他即以當時書籍對骨相之事的記載為

〔註 5〕徐敏著，《王充哲學思想探索》，頁150。

證，相信特定之相是特定之命的表徵。他說：

> 若夫短書俗記，竹帛胤文，非儒者所見，眾多非一。蒼頡四目，為
> 黃帝史。晉公子重耳仳脅，為諸侯霸。蘇秦骨鼻，為六國相。張儀
> 仳脅，亦相秦、魏。項羽重瞳，云虞舜之後，與高祖分王天下。陳
> 平貧而飲食不足，貌體佼好，而眾人怪之，曰：「平何食而肥？」及
> 韓信為滕公所鑒，免於鈇質，亦以面狀有異。面狀肥佼，亦一相也。
> （同上）

稟富貴之命的人，必有異於常人的富貴相。反之，稟貧賤之命者，亦有其相
〔註6〕。總之，人可根據不同的氣性表現在骨骼形體上的不同特徵了解個人
所稟之命。而他更認為以骨相論命，就像以器物的外觀論定其作用般準確。
他說：

> 故知命之工，察骨體之證，睹富貴貧賤，猶人見盤盂之器，知所設
> 用也。善器必用貴人，惡器必施賤者；尊鼎不在陪廁之側，匏瓠不
> 在殿堂之上，明矣。富貴之骨不遇貧賤之苦，貧賤之相不遭富貴之
> 樂，亦猶此也。（同上）

> 以尺書所載，世所共見；準況古今，不聞者必眾多非一，皆有其實。
> 稟氣於天，立形於地，察在地之形，以知在天之命，莫不得其實也。
> 有傳孔子相澹臺子羽、唐舉占蔡澤不驗之文，此失之不審。何隱匿
> 微妙之表也？相或在內，或在外，或在形體，或在聲氣。察外者遺
> 其內，在形體者亡其聲氣。（同上）

但唯有審慎之人能綜合多方面的情況，才不會相人失實。

　　而骨相不僅是個人命運的表相，更是命運之理作用於全人類的表相。透
過對骨相的觀察，亦可掌握到命運的道理。仲任說：

> 器之盛物，有斗石之量，猶人爵有高下之差也。器過其量，物溢棄
> 遺；爵過其差，死亡不存。（同上）

人的地位有高低之別，就如器物的容量有不同之分。容器所盛的東西超過了
容器的限量，東西就會滿溢出來。同樣的道理，如人的地位與其相、其命不
相符合，不是其所應得，則亦無法保留。可見，人的骨相透露出「命當貧賤，
雖富貴之，猶涉禍患矣；命當富貴，雖貧賤之，猶逢福善矣。故命貴，從賤

〔註6〕在〈骨相〉中，仲任並未對何謂貧賤之相加以說明，他只約略依據書籍記載
　　　　提到有直紋通向嘴角，即是餓死之相。

地自達，命賤從富地自危」（〈命祿〉）的道理。所以知命之人，亦能通過這樣的道理而「見富貴於貧賤，睹貧賤於富貴」（〈骨相〉）。

　　此外，人亦可透過骨相的觀察，了解「人行偶合」（〈偶會〉）的道理。仲任即云：

> 高祖隆準、龍顏、美鬚，左股有七十二黑子。單父呂公善相，見高祖狀貌，奇之，因以女妻高祖，呂后是也，卒生孝惠帝、魯元公主。高祖為泗上亭長，嘗告歸之田，與呂后及兩子居田。有一老公過，請飲，因相呂后曰：「夫人，天下貴人也。」令相兩子，見孝惠曰：「夫人所以貴者，乃此男也。」相魯元，曰：「皆貴。」老公去，高祖從外來，呂后言於高祖。高祖追及老公，止使自相。老公曰：「鄉者夫人、嬰兒相皆似君，君相貴不可言也。」後高祖得天下，如老公言。推此以況，一室之人，皆有富貴之相矣。（〈骨相〉）

又云：

> 夫舉家富貴之命，然後乃任富貴之事。骨法形體，有不應者，則必別離死亡，不得久享介福。故富貴之家，役使奴僮，育養牛馬，必有與眾不同者矣。僮奴則有不死亡之相，牛馬則有數字乳之性，田則有種孳速熟之穀，商則有居善疾售之貨。（同上）

不僅漢高祖一家皆有富貴之相，就連一般的富貴之家，上至主人，下至奴僕，乃至牲畜皆有與眾不同之相、優於他物之性。可見，屬於命貴之人或物自會相遇，人的命運不僅透過骨相表現出來，命的道理，即「人行偶合」的道理，亦透過骨相呈現於人。

　　總之，骨相為人命運的表徵，亦是命運運行之理具體呈現於人的方式。人可透過骨相預知自己的命運，更可對骨相的觀察掌握命運運行之理。而仲任談論骨相，重視知命之術，目的並不是要人預知命運、了解命的自然運行之理後便以為命「可不假而自得，不作而自成，不行而自至」（〈命祿〉），而自俟命運，無所作為。反而是要人在預知自己的命運及知曉「天之凶厚，求之無益」（同上）的道理後，能作出適合自己命運的作為，而不汲汲於追求不屬於自己的富貴或名利。如此，就算是面對不可勉之命、不可求之時所造成充滿變數的遭遇，亦能坦然面對、處之泰然。

第八章　王充命運論的轉折
——「命則性也」

　　對於命對人生的限制，王充感嘆曰：「人之在世，有吉凶之性命，有盛衰之禍福，重以遭遇幸偶之逢，獲從生死而卒其善惡之行，得其胸中之志，稀矣！」（〈命義〉）命主宰人的吉凶禍福、生死壽夭、富貴貧賤，而限制人的行事與作為。此外，王充亦以為「性本自然，善惡有質」（〈本性〉），人性之別出於自然，是由氣的性質所決定，將人性善惡歸於無意識之氣，以為「性」與「命」二者等同。而人的主觀能動性便在「命不可勉」（〈命祿〉）的前提下遭到仲任的全面否定。然而「命不可勉」這樣的立場，卻因他提出性「不可復變易」（〈非韓〉）時，又主張「亦在於教，不獨在性」（〈率性〉）而受到動搖，也就是說，在「命」與「性」等同，且「性」可改變的基礎下，仲任間接肯定了命運可變，為其命運論留下轉折的餘地。可見性與命的關係在王充的命運論中非比尋常，因此本章即透過「性」與「命」的關係，進一步探討王充命運論的轉變及定位。王充在根本上雖然肯定「性」與「命」等同，但在探討「命」與「性」的關係時，卻對「性」的指涉有所不同，而產生「性則命也」及「性與命異」二種相反的說法。為了釐清王充「性」與「命」二概念複雜和混亂的關係，本章即先析論其言「性」的來源，及「性」的內涵，以了解他如何從根本上肯定「性」與「命」等同，藉此掌握「性則命也」、「性與命異」的意義，並闡明王充如何透過性與命的關係，肯定性可改而命亦可改。

第一節 「性」的來源及「性」的內涵

對於「性」的來源，仲任亦以一切事物的性質與命運的本源，即以物質的氣爲之說明，以氣爲「性」的形上根源。他說：

> 性命在本。(〈命義〉)〔註1〕

> 用氣爲性，性成命定。(〈無形〉)

> 形、氣、性，天也。(同上)

> 性本自然，善惡有質。(〈本性〉)

> 人生性命，當富貴者，初稟自然之氣。(〈初稟〉)

「性」在人初稟自然之氣時，就已被決定。它的分別在於氣的厚薄，承受的氣有多少。〈率性〉云：

> 小人君子，稟性異類乎？譬諸五穀皆爲用，實不異而效殊者，稟氣有厚泊，故性有善惡也。殘則受仁之氣泊，而怒則稟勇渥也。仁泊則戾而少慈，勇渥則猛而無義，而又和氣不足，喜怒失時，計慮輕愚。妄行之人，非故爲惡，人受五常，衙五臟，皆具於身。稟之泊少，故其操行不及善人，猶酒或厚或泊也，非厚與泊殊其釀也，麴蘖多少使之然也。是故酒之泊厚，同一麴蘖；人之善惡，共一元氣。氣有少多，故性有賢愚。

〈本性〉云：

> 人稟天地之性，懷五常之氣，或仁或義，性術乖也；動作趨翔，或重或輕，性識詭也。

〈自然〉云：

> 至德純渥之人，稟天氣多，故能則天，自然無爲。稟氣薄少，不遵道德，不似天地，故曰不肖。

〈藝增〉亦云：

> 不肖者皆懷五常。

人所稟的物質之氣，皆俱有五常之性，即仁、義、禮、智、信五種不同的性質。人稟受過薄的「仁」氣，則爲兇殘之人，稟受過多的「勇」氣，則爲易怒之人，而缺少陰陽調和之氣，則會喜怒無常、行事輕率、思考愚鈍。道德

〔註1〕「性命在本」的「本」就是「氣」。參見周桂鈿著，《虛實之辨——王充哲學的宗旨》，頁124。

最高尚之人承受最多天之氣，所以能效法天的自然無為，而為賢人。人之性皆由所稟之氣各種性質的厚薄決定。行惡之人，並非有意為惡，一切皆是天性使然，人根本無力自主，也無法改變。

仲任曾以氣對人命運的影響對「三命說」作出新的解釋。相對於「三命說」，他亦提出「三性說」，以強調氣對「性」的影響及「性」與「命」的關係。〈命義〉云：

> 亦有三性：有正，有隨，有遭。正者，稟五常之性也；隨者，隨父母之性；遭者，遭得惡物象之故也。故娠婦食兔，子生缺唇。〈月令〉曰：「是月也，雷將發聲，有不戒其容者，生子不備，必有大凶。」瘖聾跛盲，氣遭胎傷，故受性狂悖。羊舌似我初生之時，聲似豺狼，長大性惡，被禍而死。在母身時遭受此性，丹朱、商均之類是也。性命在本……賢不肖在此之時矣。受氣時，母不謹慎，心妄慮邪，則子長大，狂悖不善，形體醜惡。

人稟受自然五常之性的氣而成的是「正性」，是人正常之性；受父母之性所影響的是「隨性」，是父母遺傳之性；遭受凶惡事物影響原所稟之正性而形成的是「遭性」，人天生的殘疾，如聾、啞、跛、盲等，及性情的殘暴，皆屬於此。而凶惡事物對原稟之氣的影響，不但形成「遭性」，也形成「遭命」〔註2〕，因此仲任亦認為，有了「遭性」，同時也有了「遭命」；「遭性」與「遭命」是一致的。

無論如何，氣是決定「性」的主要關鍵。然而仲任所言之「性」有相當大的歧義，也就是說，他所指之「性」，包括了性情、智愚、賢與不肖等，包括了「才性」、「德性」、「本性」、「稟性」、「氣性」等，而且其中也包括了多種意涵相混之混合義〔註3〕。因此，實有必要將仲任所言之「性」加以爬梳和釐清：

（一）本性、稟性

仲任以為：

> 俱稟元氣，或獨為人，或為禽獸。（〈幸偶〉）

〔註2〕〈命義〉云：「遭命者初稟氣時遭凶惡也，謂妊娠之時遭得惡也，或遭雷雨之變，長大夭死。」可見「遭命」與「遭性」不僅有相同的來源，亦在同時間形成。

〔註3〕曾漢塘著，《王充命定觀之淵源與內涵探微》，頁182。

> 人稟元氣於天，各受壽夭之命，以立長短之形。（〈無形〉）

萬物的生命及形體的形成，都是天不斷運動施氣的結果。而不論是萬物皆有的本性，即生理欲望與本能，或是在形體上各有不同的「稟性」，或聲、啞、跛、盲等天生殘疾的「遭性」，性情的好壞等，都是萬物在受氣獲得生命的那一刻同時獲得的。故仲任云：

> 天道無爲，聽恣其性，故放魚於川，縱獸於山，從其性命之欲。
> （〈自然〉）

> 小人君子，稟性異類乎？譬諸五穀皆爲用，實不異而效殊者，稟氣有厚泊，故性有善惡也。殘則受仁之氣泊，而怒則稟勇渥也。仁泊則戾而少慈，勇渥則猛而無義，而又和氣不足，喜怒失時，計慮輕愚。（〈率性〉）

可見他是就萬物皆具有天生的生理本性及各自的不同稟性，認爲「人在天地之間，物也」（〈雷虛〉）、「夫人物也，雖貴爲王侯，性不異於物」（〈道虛〉），人性與物性沒有差別，人與萬物是相同的。

（二）德　性

雖然仲任從萬物同具生理本能與各有所稟的角度，主張人與萬物相同，但他仍認爲人與萬物確實有別，差別便在人稟五常之氣，而所得到的「德性」。他說：

> 人生稟五常之性，好道樂學，故辨於物。（〈別通〉）

人所獨具的德性，是萬物不及於人與人之所以爲人的主要關鍵。因此，仲任也以先秦以來所討論的道德之性，即「德性」說「性」。在下面的例子中，仲任所言即是「德性」之「性」：

> 操行善惡者，性也。（〈命義〉）〔註4〕

> 操行清濁，性也。（〈骨相〉）〔註5〕

〔註4〕謝无量著，《王充哲學》，共三冊，冊二，頁117云：「夫有道德者謂之有操行，有操行者謂之賢。」（臺北市：文星書店，1965年1月初版）可見不論是有操行或是德行之人，皆是有道德、德性之人。

〔註5〕曾漢塘以爲「操行清濁」雖具德性意涵，但「清濁」二字並沒有「善惡」二字般具有強烈的道德意味，因此此處所言之「操行清濁」之「性」是雜混著「德性」與「才性」雙層的意涵。參見其所著《王充命定觀之淵源與內涵探微》，頁182～183。

命有貴賤，性有善惡。(〈本性〉)

（三）才　性

仲任以爲人與萬物的不同，除了在於「德性」，亦在於智慧，即「臨事知愚」(〈命祿〉)之「才性」。他說：

果蟲三百，人爲之長；天地之性，人爲貴，貴其識知也。(〈別通〉)

人，物也，萬事之中有智慧者也。其受命於天，稟氣於元，與物無異。(〈辨祟〉)

人的認知能力，便是人的智慧，即「才性」。如〈本性〉云：

人稟天地之性，懷五常之氣，或仁或義，性術乖也；動作趨翔，或重或輕，性識詭也。

或〈命祿〉云：

故夫臨事知愚，操行清濁，性與才也。

「性識詭」之性與「臨事智愚」之性皆屬於人的「才性」。

（四）氣　性

雖然仲任所言之「性」可分爲本性、稟性、德性或是才性，但它們的來源都是「氣」，都是生命凝結爲個體時所獲得的自然之質、自然之性。可見仲任順氣言性，所言之性皆是「氣性」，是以性爲材質之性〔註6〕。仲任亦云：

形、氣、性，天也。形爲春，氣爲夏。人以氣爲壽，形隨氣而動。氣性不均，則於體不同。(〈無形〉)

火不苦熱，水不痛寒，氣性自然。(〈累害〉)

萬物的本質及特性因氣而凸顯，氣性的不同，即表現出萬物自然本性的不同。所以他說：「用氣爲性，性成命定」(〈無形〉)。

總之，仲任所言「性」是生而即有的作用，其內容包括了本性、稟性、德性、才性。又由於他順氣言性，因此，不僅萬物之性是「氣性」，人之諸性亦是「氣性」。〔註7〕

〔註6〕牟宗三著，《才性與玄理》(香港：人生出版社，1963年9月出版)，頁1。

〔註7〕牟宗三先生以爲王充所言之「氣性」具有自然義、質樸義與生就義。即在實然領域內，不可學，不可事，自然而如此；自然生命凝結而成個體時所呈現之自然之質。參見其所著，《才性與玄理》，頁3。

第二節　「性」與「命」的關係──「命則性也」、「性與命異」

對於「性」與「命」兩個概念，仲任受先秦及漢代學者的影響，亦時而將二者合言，時而將二者分說〔註8〕。他說：

> 故夫臨事知愚，操行清濁，性與才也；仕宦貴賤，治產貧富，命與時也。(〈命祿〉)

> 貴賤貧富，命也。操行清濁也，性也。(〈骨相〉)

> 稟性受命，同一實也。命有貴賤，性有善惡。(〈本性〉)

又說：

> 人生性命當富貴者，初稟自然之氣，養育長大，富貴之命效也。(〈初稟〉)

> 夫人有不善，則乃性命之疾也，無其教治而欲令變更，豈不難哉？(〈率性〉)

> 天道無爲，聽恣其性，故放魚於川，縱獸於山，從其性命之欲。(〈自然〉)

可見他把「命」與「性」分說時，二者各有所指的內容，「命」指人所稟的「強弱壽夭之命」、「所當觸值之命」與「貴賤貧富之命」，而「性」則指人生而即有之各種「氣性」。當「性」與「命」二字連用時，仲任則時而著重於本性，如「放魚於川，縱獸於山，從其性命也」(〈自然〉)，「夫人也不善，則乃性命之疾也」(〈率性〉)，時而著重於人所稟之命，如「人生性命當富貴者」(〈初稟〉)。然而「性」與「命」的關係究竟是相統一或是不一致，仲任有「命則性也」(〈命義〉)與「性與命異」(同上)的說法。

首先，仲任即以「強弱壽夭之命」與堅強或軟弱之稟性一致的觀點，說「命則性也」，以爲性與命是相統一的。他說：

> 兒生，號啼之聲鴻朗高暢者壽，嘶喝濕下者夭？何則？稟壽夭之命，以氣多少爲主性也。(〈氣壽〉)

〔註 8〕　林麗雪著，《王充》，頁 249 云：「自先秦至漢代，性、命的分野時而清晰，時而模糊。性、命二字的字義有時有別，有時又可相通。這種現象在《論衡》中依然存在。」

> 死生者，無象在天，以性爲主。稟得堅強之性，則氣渥厚而體堅強，
> 堅強則壽命長，壽命長則不夭死。稟性軟弱者，氣少泊而體羸窳，
> 羸窳則壽命短，短則蚤死。（〈命義〉）

人自然之稟性與其命運一起承受自然之氣，同時獲得，所以身體強弱之稟性
與長短壽夭之命一致，且「稟得堅強之性，則氣渥厚而體堅強，堅強則壽命
長，壽命長則不夭死。稟性軟弱者，氣少泊而體羸窳，羸窳則壽命短，短則
蚤死」（同上）。

　　而仲任所言之「遭性」與「遭命」，亦證明了他「性」與「命」相一致的
觀點。他說：

> 遭命者初稟氣時遭凶惡也，謂妊娠之時遭得惡也，或遭雷雨之變，
> 長大夭死。（同上）

> 亦有三性：有正，有隨，有遭。……遭者，遭得惡物象之故也。（同
> 上）

「遭性」與「遭命」皆是母親受胎時，遭受惡物或環境影響胎兒原來所稟之
「正命」與「正性」所致。因此，「遭性」與「遭命」不僅來源相同，稟受的
時間亦相同，且人有「遭性」必定也有「遭命」。可見「遭性」與「遭命」是
一致的。

　　然而仲任不僅以爲人所稟之本性與「強弱壽夭之命」、「所當觸值之命」
一致，對於操行善惡之「德性」與智愚之「才性」，亦以爲與所稟之命相一
致。他說：

> 命，謂初所稟得而生也。人生受性，則受命矣。性、命俱稟，同時
> 並得；非先稟性，後乃受命也。……王者一受命，內以爲性，外以
> 爲體。體者，面輔骨法，生而稟之。（〈初稟〉）〔註9〕

> 人稟天地之性，懷五常之氣，或仁或義，性術乖也；動作趨翔，或

─────────────

〔註9〕 〈初稟〉云：「文王得赤雀，武王得白魚、赤鳥。儒者論之，以爲雀則文王受
　　　命，魚、鳥則武王受命。文、武受命於天，天用雀與魚、鳥命授之也。天用
　　　赤雀命文王，文王不受，天復用魚、鳥命武王也。若此者，謂本無命於天，
　　　修己行善，善行聞天，天乃授以帝王之命也。故雀與魚、鳥，天使爲王之命
　　　也，王所奉以行誅者也。如實論之，非命也。命者，謂初所稟得而生也。人
　　　生受性，則受命矣。性、命俱稟，同時並得，非先稟性，後乃受命也。」在
　　　這裏，仲任所要反對的是當時盛行的「修己行善，善行聞天，天乃授以帝王
　　　之命」之「君權神授」之說，因此，這裏所說的「性」，就是指「德性」。

重或輕，性識詭也。（〈本性〉）

夫命富之人，筋力自強，命貴之人，才智自高，若千里之馬，頭目蹄足自相副也。（〈命祿〉）

人的德性與人的命運皆在稟氣之時同時獲得，並不是先稟德性，而後才由人的稟性決定命運為何。又命當富貴者，他的稟性不僅會強於他人，他的「才性」（即才智）也會優於常人。在這裏，仲任清楚明白的肯定人所稟之本性與命相同，才性與德性亦與所稟之命相同。

其次，仲任亦以人操行善惡之「德性」與「貴賤貧富之命」、「強弱壽夭之命」與「所當觸值之命」之間沒有必然的關係，提出「性與命異」的觀點。他說：

夫性與命異，或性善而命凶，或性惡而命吉。操性善惡者，性也；禍福吉凶者，命也。或行善而得禍，是性善而命凶；或行惡而得福，是性惡而命吉。性自有善惡，命自有吉凶。使命吉之人，雖不行善，未必無福；凶命之人，雖勉操行，未必無禍。（〈命義〉）

命當夭折，雖稟異行，終不得長；祿當貧賤，雖有善性，終不得遂。（同上）

遭命者，行善得惡，非所冀望，逢遭於外，而得凶禍，故曰遭命。（同上）

操行高尚的人，未必命善，他有可能反遭禍害，得不到富貴，也得不到長壽；操行惡劣之人，卻也未必命惡，他可能反而得福，而不受災害所傷。操行之善惡，與人之「貴賤貧富之命」、「強弱壽夭之命」與「所當觸值之命」沒有必然的關係。主因在於它們各有不同的來源。操行善惡之別直接取決於天施的氣中各種性質的厚薄，而「貴賤貧富之命」雖也是受天所施之氣的影響，但更直接受到眾星之氣所影響〔註10〕，所以嚴格來說，人之操行與「貴賤貧富之命」（即「祿命」）的來源不同，自然會有不一致的情況發生。而操行善惡之性與「強弱壽夭之命」都已各受所稟之氣所決定，因此彼此之間也

─────────────────────

〔註10〕 〈命義〉云：「至於富貴所稟，猶性所稟之氣，得眾星之精。眾星在天，天有其象。得富貴象則富貴，得貧賤象則貧賤。……天有百官，有眾星。天施氣而眾星布精，天所施氣，眾星之氣在其中矣。人稟氣而生，含氣而長，得貴則貴，得賤則賤。貴或秩有高下，富或資有多少，皆星為尊卑小大之所授也。」

未必有必然的關係，而也無法相互影響。又「所當觸值之命」（即「遭命」）在受胎之時即已被決定，因此操行之善惡亦無法改變，所以仲任是以人之德行與所稟之命無必然相關，德性無法影響、改變所稟之命的立場，提出「性與命異」（〈命義〉）。

　　總之，仲任是以不同之「性」與所稟的「貴賤貧富之命」、「強弱壽夭之命」與「所當觸值之命」是否一致、相同的觀點，說「性則命也」與「性與命異」。雖然仲任對「性」與「命」二者的關係有不同的說法，但根本上，他是肯定「性」與「命」二者是等同的。他說：

　　　　夫物不求而自生，則人亦有不求貴而貴者矣。人情有不教而自善者，
　　　　有教而終不善者矣，天性，猶命也。（〈命祿〉）

　　　　性命在本。（〈命義〉）

　　　　用氣爲性，性成命定。（〈無形〉）

　　　　命謂初所稟得而生也。人生受性，則受命矣。性、命俱稟，同時並
　　　　得，非先稟性，後乃受命也。（〈初稟〉）

　　　　人生性命當富貴者，初稟自然之氣。（同上）

　　　　稟壽夭之命，以氣多少爲主性也。（〈氣壽〉）

人之性是生命凝結爲個體時由「氣」形成的自然之質、先天之性，它與人所稟之命不僅有共同的來源，亦是同時因氣的厚薄而產生，可見「性」與「命」無異，亦是「物質的氣」〔註11〕，是人自然如此的必然屬性，且跟「命」一樣對人的生命有必然的決定性〔註12〕，故仲任云：「天性，猶命」（〈命祿〉），且時而將「性」與「命」二者合言，以強調「性」對人的必然決定性〔註13〕。

〔註11〕仲任以「命」的來源說「命」是「物質的氣」，而「性」與「命」有相同的來源，且同時形成，因此「性」亦是一「物質的氣」。

〔註12〕性對善惡的決定性，等於命對貴賤貧富的決定性一樣，其所以有同樣的決定性，正因爲性的形成，同爲唯氣論的格架。參見徐復觀著，《增訂兩漢思想史》，冊二，頁635。

〔註13〕性、命二字被連用成「性命」之詞始於《莊子》外篇。如〈駢拇〉云：「彼正正者不失其性命之情」，〈天地〉云：「任其性命之情而已矣」。在〈德充符〉中，莊子對「命」的內容有這樣的規定，他說：「死生存亡，窮達貧富，賢與不肖，毀譽、飢渴、寒暑，是事之變，命之行也。」將屬於「性」範圍的賢與不肖亦歸於命的範圍。因此，徐復觀以爲莊子所說的命，乃與他所說的德、性屬於同一範圍的東西，且莊子亦云：「性不可易，命不可變」（〈天運〉）、「聖人達綢繆，周盡一體矣，而不知其然性也」（〈則陽〉），可見莊子不僅對性與

而仲任雖也將二者分言，亦只在強調「命」是主吉凶，「性」是主善惡，二者所主宰的範圍有所不同而已，並不是指二者為不相同的東西。

　　無論如何，仲任所指之「性」皆是「氣性」，與「命」二者同質異名。人性之別，亦如人之命運，是被決定，是人所無力自主與改變的。因此仲任亦認為「性亦有骨法」（〈骨相〉）。他說：

> 人以氣為壽，形隨氣而動。氣性不均，則於體不同。（〈無形〉）

> 王者一受命，內以為性，外以為體。體者，面輔骨法，生而稟之。（〈初稟〉）

> 非徒富貴貧賤有骨體也，而操行清濁亦有法理。貴賤貧富，命也。操行清濁，性也。非徒命有骨法，性亦有骨法。惟知命有明相，莫知性有骨法，此見命之表證，不見性之符驗也。……性命繫於形體明矣。（〈骨相〉）

> 初稟天然之姿，受純壹之質，故生而兆見，善惡可察。（〈本性〉）

人的形體隨著不同的氣性而有不同的發育成長。人之性由氣所定，則自然會表現在隨氣而有不同表現的形體之上。而透過對骨相的掌握，亦是對人之性、人之命運的掌握。

　　此外，仲任更以「氣不改更」（〈齊世〉）及「命不可勉」（〈命祿〉）的基礎，進一步的說：

> 凡人稟性也，清濁貪廉，各有操行，猶草木異質，不可復變易也。（〈非韓〉）

> 夫物不求而自生，則人亦有不求貴而貴者矣。人情有不教而自善者，有教而終不善者矣。天性，猶命也。（〈命祿〉）

人性之善惡，如草木之本質，亦如人之貧賤富貴，被決定後即無法改變。因此，「人情有不教而自善者，有教而終不善者」。

　　總之，仲任以為「性」與「命」同樣對人的吉凶、善惡有必然的決定性。

命的規定是完全一樣的，更要以命表明性的決定性，所以他才不斷地用「性命」的名詞。參見其所著，《中國人性論史──先秦篇》，頁 375～377。而對王充而言，「性」與「命」雖彼此所主宰的範圍有別，但二者是相一致的，對人都有必然的決定性，因此，筆者以為仲任所說「性命」，雖受先秦及漢代學者的影響，但受莊子的影響最為直接，說「性命」是要強調「性」跟「命」一樣，對人的生命有必然的決定性。

在這樣的基礎下，人的主觀能動性被否定，人的一生只能受命運的支配，成為命運的傀儡。然而這樣無可奈何的局限，終因王充提出「性」「亦在於教，不獨在性」（〈率性〉）而得到突破。也就是說，透過肯定「善可變為惡，惡可變為善」（同上），他間接肯定了人的主觀能動性，及命運可變的觀點。在下一節中，筆者即以王充的「人性論」來探討他命運論的轉折。

第三節　性可變易的人性論

　　王充鑑於傳統對人性問題探討的結果，往往成為制定禮樂、教化人民的依據，甚至影響國家統治的根本，因此他本著「稟氣有厚泊，故性有善惡」（〈率性〉）、「性本自然，善惡有質」（〈本性〉）、「人性有善有惡」的基本立場，認為「昔儒舊生，著作篇章，莫不論說，莫能實定」（同上），換言之，他認為先秦孟子乃至漢代劉向等人對人性的探討與見解都是片面的，沒有充分闡述人性的道理，因此特別以〈本性〉篇專章進行批評，以「盡性之理」（同上）。然而在批評的過程中，他亦認為昔儒舊生之言「亦有所緣」（同上），並未全盤否定傳統人性論的價值。而在事實證明性是可變易的情況下，仲任亦重新反省人性的問題，並對前人之理論加以吸收、消化、綜合，最後形成他的人性論。總之，從仲任對各家批評之言，可明瞭他對人性基本的看法，因此本節即以仲任對先秦及漢代學者人性論的批評為起點，逐步了解王充的人性論與其命運論的轉折。

　　首先，仲任對各家人性論有以下的批評：

（一）孟　子

　　對於孟子「人性皆善，及其不善，物亂之也。謂人生於天地，皆稟善性，長大與物交接者，放縱悖亂，不善日以生矣」（同上）的性善論，仲任以為「孟子之言情性，未為實也」（同上），他說：

> 若孟子之言，人幼小之時，無有不善也。微子曰：「我舊云孩子，王子不出。」紂為孩子之時，微子睹其不善之性。性惡不出眾庶，長大為亂不變，故云也。羊舌食我初生之時，叔姬視之，及堂，聞其啼聲而還，曰：「其聲，豺狼之聲也。野心無親，非是莫滅羊舌氏。」遂不肯見。及長，祁勝為亂，食我與焉。國人殺食我，羊舌氏由是滅矣。紂之惡，在孩子之時；食我之亂，見始生之聲。孩子

> 始生，未與物接，誰令悖者？丹朱生於唐宮，商均生於虞室。唐、
> 虞之時，可比屋而封，所與接者，必多善矣。二帝之旁，必多賢
> 也。然而丹朱傲，商君虐，並失帝統，歷世爲戒。（同上）

紂還是小孩時，便表現出他不善之性。羊舌食我初生之時，叔姬由其哭聲亦
知其頗具野心且六親不認。又丹朱、商均生於宮中，多與堯、舜身邊的賢人
接觸，但也成爲傲慢、暴虐之人。可見人非生而性善，長大後因接觸外界事
物才滋長不善之性。

此外，仲任對孟子以「心清而眸子瞭，心濁而眸子眊」（同上）爲觀察人
性善惡的依據也加以反對。他說：

> 人生目輒眊瞭，眊瞭稟之於天，不同氣也，非幼小之時瞭，長大與
> 人接，乃更眊也。（同上）

人一出生，就因稟氣的不同而有眼睛明亮與渾濁的差別，並不是長大與外物
接觸後才使原爲明亮的眼睛變爲渾濁。

總之，仲任以爲「性本自然，善惡有質」（同上），並不是所有的人皆稟
受善性。但〈本性〉卻云：

> 一歲嬰兒，無爭奪之心，長大之後，或漸利色，狂心悖行，由此生
> 也。

可見對於孟子重視外界環境對人之影響，他亦加以肯定。

（二）告 子

仲任以孔子「爲上智與下愚不移」的觀點，批評告子的人性無善無惡之
論過於狹隘。他說：

> 夫告子之言，謂人之性與水同也。使性若水，可以水喻性，猶金之
> 爲金，木之爲木也，人善因善，惡亦因惡。初稟天然之姿，受純壹
> 之質，故生而兆見，善惡可察。無分於善惡，可推移者，謂中人也，
> 不善不惡，須教成者也。故孔子曰：「中人以上，可以語上也；中人
> 以下，不可以語上也。」告子之以決水喻者，徒謂中人，不指極善
> 極惡也。孔子曰：「性相近也，習相遠也。」夫中人之性，在所習
> 焉。習善而爲善，習惡而爲惡也。至於極善極惡，非復在習。故孔
> 子曰：「惟上智與下愚不移。」性有善不善，聖化賢教，不能復移易
> 也。孔子，道德之祖，諸子之中最卓者也，而曰「上智下愚不移」，
> 故知告子之言，未得實也。（同上）

人在母體時，便已各自稟受未受後天影響的自然本性，唯有稟性是善，而可為善，如果稟性是惡，則必定為惡，聖賢的教化是無法對之有所改變的。這種有絕對善惡之人，即是孔子所說的「上智」及「下愚」。然而還有一種人，即「中人」，是告子所說的「性無善惡」之人，或是揚雄所說的「人性善惡混者」（同上），其善或惡完全是透過後天的教化及環境的影響而致。可見仲任以為告子「性無善惡」之說，只是片面談及「中人」之性，而未觸及「上智」及「下愚」的人之性。而由他對告子的批評，亦可窺見其人性三分說的雛型。〔註14〕

（三）荀 子

仲任以人有「生稟善氣，長大就成」（同上）及劉向氣有陰陽，性亦有善惡的觀點批評荀子「人性惡，其善者，偽也」的性惡說。〈本性〉云：

> 性惡者，以為人生皆得惡性也；偽者，長大之後，勉使為善也。若孫卿之言也，人幼小無有善也。稷為兒，以種樹為戲；孔子能行，以俎豆為弄。石生而堅，蘭生而香。生稟善氣，長大就成。故種樹之戲，為唐司馬；俎豆之弄，為周聖師。稟蘭石之性，故有堅香之驗。……劉子政非曰：「如此，則天無氣也。陰陽善惡不相當，則人之為善安從生？」

稷幼年時，以種樹為遊戲，長大而為唐司馬；孔子學會走路時，便模仿大人陳設俎豆，以祭祀的動作為遊戲，長大而為周代的聖師，可見人之善性，是天生稟受，並非靠後天人為而形成的。又氣有陰陽，性應亦有善惡，如果人性皆惡，則人所表現出的善性又從何而來呢？故仲任以為：「孫卿之言，未能得實。」（同上）

（四）陸 賈

陸賈以為「天地生人也，以禮義之性。人能察己所以受命則順，順之謂道」（同上），禮義之性是天所命，而且是人皆本有的，如果能體察這樣的道理，並能順著禮義之本性而行便合於道。然而仲任卻以為：

> 夫陸賈知人禮義為性，人亦能察己所以受命。性善者，不待察而自善；性惡者，雖能察之，猶背禮畔義。義挹於善，不能為也。故貪

─────────────

〔註14〕〈本性〉云：「余固以孟軻言人性善者，中人以上者也；孫卿言性惡者，中人以下者也；揚雄言人性善惡混者，中人也。」可見仲任將人性三分。

者能言廉，亂者能言治。盜跖非人之竊也，莊蹻刺人之濫也。明能

察己，口能論賢，性惡不爲，何益於善？（同上）

人皆稟禮義之性，也都能知曉這禮義之性從天而來，但本性也自有善惡，性善的人不需認識自己所稟的禮義之性，便自然會爲善；性惡的人，就算是認識自己的禮義之性，亦會違背禮義。因此「禮義之性」，唯有靠性善者才得以展現，性惡者只能表面的認識「禮義」，卻不能具體實行。無論如何，人是否能體察天所命的禮義之性與人之善惡沒有關係，故陸賈之言「未能得實」（同上）。

（五）董仲舒

王充以爲董仲舒綜合了孟子及荀子的人性論，提出了這樣的「性情說」：

天之大經，一陰一陽；人之大經，一情一性。性生於陽，情生於陰。陰氣鄙，陽氣仁。曰性善者，是見其陽也；謂惡者，是見其陰者也。（同上）〔註15〕

天有陰陽二氣，人亦稟受陰陽二氣而皆有一情一性。性是產生於仁善的陽氣，情是產生於卑劣的陰氣，體現了性之陽氣，則性善，體現了情之陰氣，則性惡。董仲舒認爲人有可能性善但卻情貪，因此不能肯定人性必然是善，或必然是惡，唯一能夠肯定的是人可依所稟的善性而爲善。〔註16〕

而仲任就董仲舒「不處人情性有善有惡」（同上），不分人性之善或惡的觀點加以反駁：

若仲舒之言，謂孟子見其陽，孫卿見其陰也。處二家各有見，可也；不處人情性有善有惡，未也。夫人情性同生於陰陽，其生於陰陽，有渥有泊。玉生於石，有純有駁；性情生於陰陽，安能純善？（同上）

人的情與性是一起承受陰陽之氣而產生的，氣厚而性善，氣薄則性惡，而且

〔註15〕此段引文沒有出現在董仲舒的著作中，但在《春秋繁露‧深察名號》中卻有類似的看法。董子云：「衽眾惡於內，弗使得發於外者，心也。故心之名爲衽也。人之受氣，苟無惡者，心何衽哉？吾以心之名得人之誠。人之誠有貪有仁，仁貪之氣，兩在於身。身之名取諸天，天兩有陰陽之施，身亦兩，有貪仁之性；天有陰陽禁，身有情欲衽，與天道一也。」、「身之有性情也，若天之有陰陽也。言人之質而無其情，猶言天之陽而無其陰也。」、「情，人之陰氣，有欲者；性，人之陽氣，性善者也。」可見此段文字應是仲任對董仲舒的人性觀點加以了解而節錄下來的。

〔註16〕《春秋繁露‧深察名號》云：「天地之生謂之性情，性情相與爲一暝，情亦性也；謂性已善，奈其情何？故聖人莫謂性善，累其名也！」

一定會有厚薄之分，而有性善、性惡之別，故仲任云：「仲舒之言，未能得實」（同上）。

（六）劉　向

仲任引劉向的人性論云：

> 性，生而然者也，在於身而不發。情，接於物而然者也，出形於外。形外則謂之陽，不發者則謂之陰。（同上）

性是人所本有，不是人與外物接觸所產生的，它藏於人的身體中不會表露出來，是陰。反之，人與外物接觸而形成的且表現於外的是情，是陽。但仲任以爲劉向的理論難讓人信服，因爲他不言情、性產生的根源，而只以形內、形外加以分別，而且不說人性有善惡之別。他說：

> 不據本所生起，苟以形出與不發見定陰陽也。必以形出爲陽，性亦與物接，造次必於是，顚沛必於是。惻隱不忍，仁之氣也；卑謙辭讓，性之發也。有與接會，故惻隱卑謙，形出於外。謂性在內不與物接，恐非其實。不論性之善惡，徒議外內陰陽，理難以知。且從子政之言，以性爲陰，情爲陽。夫人稟性，竟有善惡不也？（同上）

惻隱不忍之心是人稟受「仁」之氣所形成的，而謙卑辭讓之行則是人因稟此「仁氣」且與外物相接觸而有的表現。所以人之性是可藉由與外物的接觸而表露於外。總之，仲任執著於分別人性是善是惡，所以認爲劉向之言未能得事理之實。

仲任只是以「人性有善有惡」（同上）的立場對以上諸子的人性論加以反駁與批評。對於他人性論的繼承來源，他說道：

> 自孟子以下至劉子政，鴻儒博生，聞見多矣。然而論情性，竟無定是。唯世碩、公孫尼子之徒，頗得其正。（同上）

> 周人世碩，以爲人性有善有惡，舉人之善性，養而致之則善長；惡性，養而致之則惡長。如此，則情性各有陰陽，善惡在所養焉。故世子作〈養性書〉一篇。慮子賤、漆雕開、公孫尼子之徒，亦論情性，與世子相出入，皆言性有善有惡。（同上）

王充不僅贊許世碩及公孫尼子等人「性有善有惡」的理論，並明白表示自己的人性思想是承繼於他們。然而世碩所作的《養性書》已佚失，因此，仲任從世碩所繼承而來的「人性有善有惡」的觀點是指一個人之本性中兼有善

惡，或指全部的人中有分全善之人與全惡之人，我們並無法判定。但仲任亦云：

> 余固以孟軻言人性善者，中人以上者也；孫卿言性惡者，中人以下者也；揚雄言人性善惡混者，中人也。（同上）

他以孟子、荀子、揚雄的人性論爲基礎，分別將人三分爲中人以上、中人及中人以下，可見其人性論並非只是單純的繼承世碩及公孫尼子等人的思想，在他對諸子人性批評的同時，亦對他們的學說有所吸收及綜合，而他「人性有善有惡」的立場，不僅指全人類中有性善之人、性惡之人，亦有性中善惡皆具之人。

對於人性的善惡，仲任說：

> 實者人性有善有惡，猶人才有高有下也。高不可下，下不可高；謂性無善惡，是謂人才無高下也。稟性受命，同一實也。命有貴賤，性有善惡；謂性無善惡，是謂人命無貴賤也。九州田土之性，善惡不均，故有黃赤黑之別，上中下之差。水潦不同，故有清濁之流，東西南北之趨。人稟天地之性，懷五常之氣，或仁或義，性術乖也；動作趨翔，或重或輕，性識詭也。面色或白或黑，身形或長或短，至老極死，不可變易，天性然也。（同上）

性有善惡，就像命有貴賤、才有高下。性與命皆由稟氣而成，就如人的面色及身形是天生如此，人並無法改變。在這裏，仲任再次將命與性相提並論，且明白的肯定由不可改的氣所決定的人性是不會改變的。

然而在〈率性〉中，仲任的人性論卻出現重大的轉折，他雖仍肯定性有善有惡，性之別由於初稟之氣，但卻強調後天的社會環境對人性的影響，以爲人性的善惡是可以相轉化的。他說：

> 論人之性，定有善有惡。其善者，固自善矣；其惡者，故可教告率勉，使之爲善。凡人君父，審觀臣子之性，善則養育勸率，無令近惡；惡則輔保禁防，令漸於善。善漸於惡，惡化於善，成爲性行。（〈率性〉）

性善的人，自然會爲善，但性惡的人卻可以通過教育、勸告、引導及勉勵等方法，使其變善。因此，爲人君、父者，應仔細觀察臣、子的本性，然後順其性加以輔導或約束，使性善者不接近惡，常保其善，亦使性惡者能遠離惡，逐漸轉變爲善。故仲任更進一步說：

十五之子，其猶絲也。其有所漸化為善惡，猶藍丹之染練絲，使之為青赤也。青赤一成，真色無異。……人之性，善可變為惡，惡可變為善，猶此類也。蓬生麻間，不扶自直；白紗入緇，不練自黑。彼蓬之性不直，紗之質不黑，麻扶緇染，使之直黑。夫人之性，猶蓬紗也，在所漸染而善惡變矣。（同上）

仲任以為外在環境對人性善惡的影響甚鉅，且化惡遷善是可能的，因此可透過「養」，即教化的功能達到化惡遷善的目的。他說：

人性有善有惡。舉人之善性養而之則善長，性惡養而致之則惡長。（同上）

其善者，固自善矣……善則養育勸率，無令近惡。（同上）

其惡者，故可教告率勉，使之為善。……惡則輔保禁防，令漸於善。……惡化於善，成為性行。（同上）

由此可見，仲任對傳統人性論仍有所繼承。

對於「養」的方法，仲任曾提出幾種，現分別論述如下：

（一）胎　教

〈命義〉云：

性命在本，故《禮》有胎教之法：子在身時，席不正不坐，割不正不食，非正色目不視，非正聲耳不聽。……受氣時，母不謹慎，心妄慮邪，則子長大，狂悖不善，形體醜陋。素女對黃帝陳五女之法，非徒傷父母之身，乃又賊男女之性。

性在人最初稟氣時便已形成。然而仲任以為，人除稟五常之「正性」外，亦可能「遭得惡物象」而得「遭性」，因此特別重視《禮記》所記載的胎教之法，以為母親謹言慎行，對胎兒之性有正面的影響，所以胎教亦可說是父母養其子女之性的方法。

此外，仲任亦認為除了在小孩出生前應重視胎教外，等到小孩出生後，更要「置以賢師良傅，教君臣父子之道」（同上），因此他也力申「教令之善」及「律法及儀禮之制定」的化性功能。

（二）教令之善

仲任以為：

夫肥沃墝埆，土地之本性也。肥而沃者性美，樹稼豐茂。墝而埆者

性惡，深耕細鋤，厚加糞壤，勉致人功，以助地力，其樹稼與彼肥
沃者相似類也。地之高下，亦如此焉。以鑺、鍤鑿地，以埤增下，
則其下與高者齊。如復增鑺、鍤，則夫下者不徒齊者也，反更爲高，
而其高者反爲下。使人性有善有惡，彼地有高有下，勉致其教令之
善，則將善者同之矣。善以化渥，釀其教令，變更爲善，善則且更
宜反過於往善，猶下地增加鑺、鍤，更崇於高地也。（〈率性〉）

今夫性惡之人，使與性善者同類乎，可率勉之，令其爲善。使之異
類乎，亦可令與道人之所鑄玉，隨侯之所作珠，人之所摩刀劍鈎月
焉，教導以學，漸漬以德，亦將日有仁義之操。（同上）

人性有善有惡，就如地有肥沃貧瘠、有高有下。透過人爲的努力，貧瘠之地
可變爲肥沃之地，低地也可變爲高地，甚至可高於原爲高處之地。而人亦可
通過賢師良傅、聖賢之書的教育感化及勸導，使惡性轉變爲善。他更以子路
爲例，證明人之惡性是可以透過教育之功用而逐漸轉化的。〈率性〉云：

孔門弟子七十之徒，皆任卿相之用，被服聖教，文才雕琢，知能十
倍，教訓之功而漸漬之力也。未入孔子之門時，閭巷常庸無奇。其
尤甚不率者，唯子路也。世稱子路無恆之庸人，未入孔門時，戴雞
佩豚，勇猛無禮。聞誦讀之聲，搖雞奮豚，揚脣吻之音，聒賢聖之
耳，惡至甚矣。孔子引而教之，漸漬磨礪，闇導牖進，猛氣消損，
驕節屈折，卒能政事，序在四科。斯蓋變性使惡爲善之明效也。

但仲任認爲一般人對「聖人之言，不能盡解，說道陳義，不能輒形」（〈問
孔〉），因此他們在受教導、讀聖賢之言時，「不能輒形，以問以發之；不能盡
解，宜難以極之」（同上），即不能立即明白，就應通過發問來了解，不能全
面理解，就應通過批評加以認識。總之，仲任認爲如果人皆「好信師而是
古，以爲賢聖所言皆無非，專精講習，不知問難」（同上），便達不到教育化
惡遷善的目的。

（三）律法及儀禮之制定

〈本性〉云：

情性者，人治之本。禮樂所由生也。故原情性之極，禮爲之防，樂
爲之節。性有卑謙辭讓，故制禮以適其宜；情有好惡喜怒哀樂，故
作樂以通其敬。禮所以制，樂所爲作者，情與性也。

仲任以爲禮樂制度是根據人的情與性所制定的，其用途在於能讓人性及情感

得到恰如其分的發展及表達。情與性是人治的根本，禮樂亦可說是人治的方法，因此，除了以胎教、教育化性起偽之外，亦須通過律法及儀禮的制定，一來勉勵性惡者改惡從善，二來防範性惡者的惡行。〈率性〉即云：

> 王法不廢學校之官，不除獄理之吏，欲令凡眾見禮義之教。學校勉其前，法禁防其後，使丹朱之志亦將可勉。何以驗之？三軍之士，非能制也，勇將率勉，視死如歸。且闔廬嘗試其士於五湖之側，皆加刃於肩，血流至地。句踐亦試其士於寢宮之庭，赴火死者，不可勝數。夫刃、火，非人性之所貪也，二主激率，念不顧生。是故軍之法輕刺血。孟賁勇也。聞軍令懼。是故叔孫通制定禮儀，拔劍爭功之臣，奉禮拜伏，初驕倨而後遜順，聖教威德，變易性也。

仲任從「稟氣有厚泊，故性有善惡」（同上）及「凡人稟性也，清濁貪廉，各有操行，猶草木異質，不可復變異也」（〈非韓〉）的立場言性，卻又肯定「人之性，猶蓬紗也，在所漸染而善惡變矣」（〈率性〉）、「聖教威德，變易性也」（同上），以為人性之善惡「亦在於教，不獨在性也」（同上），人為的作用可使善惡相轉化，而達到化惡遷善的目的。這樣的轉變，當然是由於仲任觀察到大量「饑歲之春，不食親戚；穰歲之秋，召及四鄰」（〈治期〉）的事實，證明人性是會因環境變化而轉變，同時對前人的人性論加以吸收及綜合，然後作出修正，才能奏效。〔註17〕

　　在「性」與「命」二者相同的基礎下，仲任肯定了「性可改」、「性可養而致」，便是間接的肯定了「命可改」、「命可養而致」。在〈率性〉中，仲任亦直接肯定透過人的努力，命是可以改變的。他說：

> 「賜不受命而貨殖焉」。賜本不受天之富命所加，貨財積聚，為世富

〔註17〕 鍾肇鵬、周桂鈿著，《桓譚王充評傳》，頁 344 云：「經濟狀況的變化也會引起人的思想變化：『故饑歲之春，不食親戚；穰歲之秋，召及四鄰。』（〈治期〉）大災年，許多良民都變成了『非民』、『為亂』的『盜賊』，說明人性是可改變的。……大量的事實使王充這位唯物主義哲學家不得不承認人性是可改變的。」而雖然我們無法確切的得知王充《論衡》各篇著作的時間，但從學者對各篇中所提到的時間、事件及各篇章中相互提到的篇名，對各篇年代的推測，得知〈本性〉、〈率性〉及〈非韓〉皆為相同時期所作，而〈治期〉則是較遲的作品。又雖《論衡》大半作於東漢章帝之時，但其成書的時間卻前後多達三十年，至和帝永元年間，仲任亦對舊稿有所改定。參見黃暉撰，〈王充年譜〉，收錄於《論衡校釋》，共四冊，冊四，頁 1231～1232。徐敏著，《王充哲學思想探索》，頁 38～42。可見仲任「性可改」的觀點是經過修正而提出的。

人者，得貨殖之術也。夫得其術，雖不受命，猶自益饒富。

賜雖沒有稟受富貴之命，但憑著「貨殖之術」而得富貴，可見「術可勝命」〔註18〕。又術可由教育而得，因此人可透過教育改變且掌握自己的命運。〔註19〕

　　此外，仲任對「胎教」的肯定，也隱約替人留下創造他人命運的空間。他說：

　　　　亦有三性：有正，有隨，有遭。……遭者，遭得惡物象之故也。……
　　　　性命在本，故《禮》有胎教之法。（同上）

可見母親能透過胎教之法或謹慎的作爲，在某些程度上主動參與創造胎兒的命運。對「胎教」之法的肯定無非是爲父母預留了創造初生兒命運的空間，也肯定了命運也是受人爲影響而有所改變的。

　　王充雖然在命運論中，直接而明白地肯定「命可改」的線索及例證相當薄弱，且也未針對此點作更深入的發揮，但他「命可改」的立場卻也因他將「性」等同於「命」更爲凸顯。換言之，仲任肯定了「性」可改，就是等於肯定了「命」可改，人可藉由自己的力量掌握、改變自己的命運，人雖有「命」的限制，卻也能有自己的作爲。在肯定人主觀能動性的基礎下，王充命運論的難題得到了突破，其命運論的定位亦得到釐清，而達到「垂書示後」（〈自紀〉）的目的。

〔註18〕黎惟東著，《王充思想研究》，頁 233。黃雲生亦有相同的看法。參見其所著，《王充評論》（高雄市：三信出版社，1975 年 6 月初版），頁 95。

〔註19〕〈問孔〉云：「孔子曰：『賜不受命而貨殖焉，億則屢中。』何謂『不受命』乎？說曰：『不受當富之命，自以術知，數億中時也。』夫人富貴在天命乎？在人知也？如在天命，知術求之不能得；如在人，孔子何爲言『死生有命，富貴在天』？夫謂富不受命而自以知術得之，貴亦可受不受命而自以努力求之。世無不受貴命而自得貴，亦知無不受富命而自得富者。」這又是仲任對其命不可改觀點提出修正的另一例子。

第九章　王充命運論的評估

　　中國命運論的發展源於《詩經》與《書經》之天命觀。原始天命觀的目的雖是要了解天人之間的關係，然而其真正的目的，在消極的方面，無非是要加強政權的鞏固，在積極的方面，則是為人民提供精神上的安慰。其後各家命運論的發展，其目的不論是否仍是為政權的獲得提供合理的說明，但為了達到安撫人心的作用，並且防止消極等待命運的思想產生，論命運者大都透過不同的論點強調人的主觀能動性、人為的重要性，期能勉人擺脫命運的枷鎖，也因此，命運論不但能持續的發展，更有其存在的價值與意義。

　　由於王充基於自身的遭遇而以大量的篇幅談論命運，因此大多數的學者都以為他只是消極的感嘆自己的命運，是以將其命運論定位為「宿命論」，甚或「徹底的命定論」。雖然仲任確實以感嘆命運、命不可改的立場談論命運，但也未全然放棄先聖前賢談論命運時一再強調的主觀能動性，從他將「性」與「命」合一來看，便可清楚得知王充對人主觀能動性的肯定。除此之外，在他的思想中亦常出現前後不一致的理論，因此，本章將針對王充命運論的價值、影響及批評等方面，對他的命運論作全面的檢討及評估。

第一節　王充命運論的價值

　　王充命運論的提出縱然是要「傷時命之坎坷」，但亦在「疾虛妄」，即對當時深受天人感應所影響的命運觀提出質疑與批評，是以他以物質的氣為命運的根源，從根本上否定人的命運受人格力量所主宰，並透過天道無為，氣亦自然無為的觀點，探索到事物的聯繫及關係只是偶然如此的自然現象，徹

底破除了當時「天地故生人」(〈物勢〉) 的天人感應說、「戮力操行而吉福至,縱情施欲而凶禍到」(〈命義〉) 的隨命說,及「命運相剋」〔註1〕的迷信思想,揭示了人生命運的另一眞諦。這是王充命運論在「疾虛妄」上的一大成就。〔註2〕

而王充基於自己的體驗而從人生遭遇的適、偶來談論命運的方式,不但彰顯了命運與人的密切關係,更使他在談論命運時出現不少深刻的描述與註解〔註3〕。而爲了使命運的概念能對現實人生各種情狀發揮更詳盡的解釋,他亦將命的內容作了詳細的規定,並配合「時」、「遭」、「幸」、「遇」、「偶」等概念來解釋命運與人生的關係,如此巨細靡遺地闡析命運與人生的關係,王充可說是前無古人,後無來者。又他善用各種方法,以大量的事實,具體的談論命運、反駁當時的命運觀,並對「三命說」作出嶄新的解釋,亦是其命運論的價值所在。〔註4〕

此外,在仲任將「性」與「命」合一,對其命運論作出修正之前,雖對命運表現出相當消極的看法,但他對命運的態度仍是有別於「可幽居俟時,不須勞精苦形求索」(〈命祿〉) 的傳統信命論者。他說:

> 天命難知,人不耐審,雖有厚命,猶不自信,故必求之也。如自知,雖逃富避貴,終不得離。故曰:力勝貧,愼勝禍。勉力勤事以致富,砥才明操以取貴,廢時失務,欲望富貴,不可得也。雖云有命,當須索之。如信命不求,謂當自至,可不假而自得,不作而自成,不行而自至?(同上)

人不可自以爲稟受了富貴之命,便消極等待命運的來臨而無所作爲。不可求致的富貴之命,仍是要靠人的努力才可彰顯。因此,在仲任未清楚肯定人的命運是可以改變時,便已清楚的肯定人是要有所作爲的。只是在他「命貴,

---

〔註1〕 〈偶會〉云:「世曰:『男女早死者,夫賊妻,妻害夫。』」可見當時人民深信命運彼此會相互影響,甚至相剋。

〔註2〕 胡適亦以王充反對「人事可以感動天道」的「疾虛妄」觀點肯定其命運論的價值。參見其所著,〈王充的論衡〉,收錄於黃暉撰,《論衡校釋》,冊四,頁1292中。

〔註3〕 陳拱以爲由於王充對人生遭遇之適、偶有較深刻的體會,所以在談論命運時確實有不少深刻的話出現。如在〈累害〉中便對人世險惡之情表達得淋漓盡致。參見其所著,《王充思想評論》,頁266、293、294。

〔註4〕 馮友蘭便以王充善用豐富的事實、細緻的辯論,從各方面打擊當時官方哲學和宗教迷信來肯定其思想在中國哲學的地位。參見其所著,《中國哲學史新編》,卷三,頁313。

從賤地自達；命賤，從富位自危」（同上）的前提下，人的作為仍是不敵命運的安排，所以他將其命運觀點與當時所流行的「知命之術」相結合，除了要讓人透過知命之術了解命運之理外，更要人以知命之術所得的結果指導自己的人生，在現實中作出符合自己命運的作為，而不浪費精力於不屬於自己的事物上。雖然這樣的看法消極的說明人的行為只是受命運的擺佈，但從積極方面來說，這樣的理論卻也安撫了人心，讓人在面對不可勉之命、不可求之時，皆能坦然面對。

而在王充將「性」與「命」合一，明白的肯定人的主觀能動性、人的力量是可以改變自己的命運後，其命運論的價值更凸顯而出。雖然命運對人的限制仍存在，但人卻可通過自身的努力達到某些目標，不只是消極的去相信有不可勉之命、不可力之時，而讓自己的一切被命運所主宰。透過對命可改變的肯定，仲任所言的「命則不可勉，時則不可力，知者歸之於天，故坦蕩恬忽」（同上）得到新的詮釋，同時使他的命運論，類似孔子「盡人事，知天命」的態度；而聽從天命的精神，也與道家「安時而處順」（〈養生主〉）的態度相仿。

儘管王充一生的表現與他命運論最終彰顯的精神並不相符，然而他「疾虛妄」的立場、努力為人生遭遇的複雜現象尋求解答的用心、善用方法論具體論述命運，及吸收和消化前人的思想精華來修正自己的命運論，以揭示「人可勝命」之理和安撫人心的作用等，在在顯示王充的命運論別出心裁、自成一格，其價值實不言而喻。

此外，他總結了先秦以來言命的觀點，可說是集命運思想之大成，而其命運論也反映出兩漢命運思想的水平；他言命運所提出的素材，也豐富了吾人求知的心靈，這使他的命運論憑添了不少光彩。

第二節　王充命運論的影響

王充在世時，世人對《論衡》的評價便已毀譽參半。在他死後的百年間，由於《論衡》「形露易觀」、「違詭於俗」、「不類前人」（〈自紀〉）的寫作風格及反天人感應的內容不被衛道人士所認同，亦不被朝廷所容，因此一直到東漢靈帝以後，在蔡邕及王朗二位有力人士的推動下，《論衡》才再度廣為流傳，其思想才產生廣泛的影響。

而魏晉政治的黑暗，舊有學術道德觀的動搖，及讀書人對現實人生希望的破滅，是導致大多數讀書人的人生態度由積極的救世精神轉變為崇尚自然，相信命運的主要原因。在崇尚自然，又相信命運的雙重要求下，王充「命，自然也」（〈偶會〉）的觀點便成為當時有命論者加以吸收及討論的對象，而對魏晉命運論的發展造成舉足輕重的影響。以下筆者即以實際的例證，說明魏晉時期學者談命運時對王充命運論的繼承：

首先，在三國時代，李康的〈運命論〉便說道：

> 夫治亂，運也；窮達，命也；貴賤，時也。故運之將隆，必生聖明之君。聖明之君，必有忠賢之臣。其所以相遇，不求而自合；其所以相親也，不介而自親。唱之而必和，謀之而必從，道德玄同，曲折合符，得失不能疑其志，纏構不能離其交，然後得成功也。其所以得然者，豈徒人事哉？
>
> 吉凶成敗，各以數至。咸皆不求而自合，不介而自親矣。〔註5〕

對「命」、「時」的強調，及吉凶成敗，都是「不求而自合」的觀點，與仲任「遭逢會遇，自相得也」（同上）及「命則不可勉，時則不可力」（〈命祿〉）的命運觀點不謀而合。〔註6〕

晉代摯虞在與賢良對策時亦云：

> 期運度數，自然之分，固非人事所能供御，其亦振廩散滯，貶食省用而已矣。是故誠遇期運，則雖陶唐殷湯，有所不改；苟非期運，則宋衛之君，諸侯之相，猶能有感。〔註7〕

其「期運度數，自然之分」的說法顯示他對王充命運論的繼承。此外，他更以「崇否泰之運於智力之外」（《晉書‧摯虞本傳》）的立場，作《思游賦》，力申「天任命不可違」（同上），命運不可知，亦不可改之理，以駁斥世人「天之所祐者，義也；人之所助者，信也。履信思順，所以延福；違此而行，所以速禍」（同上）的命運觀，由此可見，仲任反「隨命」的觀點亦已影響此時

〔註5〕 李康撰，《運命論》，收錄於〔梁〕蕭統編，〔唐〕李善注，《文選》（臺北市：五南圖書出版有限公司，1991年10月初版一刷），共二冊，冊下，頁1294。

〔註6〕 一般學者亦認為李康「不求自合」的運命觀點是繼承王充的思想而來。參見任繼愈主編，《中國哲學發展史（魏晉南北朝）》（北京：人民出版社，1988年4月一版一刷），頁705。

〔註7〕 《晉書‧摯虞本傳》，收錄於唐太宗御撰，《晉書斠注》（臺北市：新文豐出版公司，出版日期不詳），頁945。本論文所引有關摯虞的文字，皆根據此版本，只註明篇名，不另加註。

命運論的發展。

　　而隨著佛教大行其道，因果報應說深植人心，學者對因果報應理論亦有更深入的探討及激烈的爭論。戴逵在〈釋疑論〉中，便充份繼承王充命運論的根源及理論，反對因果報應、「隨命」的思想。他說：

　　　　夫人資二儀之性以生，稟五常之氣以育。性有修短之期，故有彭殤之殊；氣有精麤之異，亦有賢愚之別。此自然之定理，不可移者也。〔註8〕

人的壽夭賢愚，都決定於所稟之氣，是自然的定理，不可改變。他更列舉堯、舜、丹朱、商均等人的例子，證明「賢愚善惡，修短窮達，各有分命，非積行之所致也」（〈釋疑論〉）。在〈釋疑論〉中，不論是元氣論的理論基礎，或是舉證的實例，在在都可看到王充命運論的影子。此外，范縝以「人之生譬如一樹花，同發一枝，俱開一蒂，隨風而墜，自有拂簾幌墜於茵席之上，自有關籬牆落於糞溷之側」〔註9〕的論點，反對因果報應的思想，也與仲任言命運是「自然之道，適偶之數，非有他氣旁物壓勝感動使之然也」（〈偶會〉）雷同。總之，魏晉反對因果報應的學者，莫不以王充「命自然也」（同上）為其立論的根據。〔註10〕

　　而南朝劉峻雖以為王充言命「蔽其源」〔註11〕，但他對命運解釋的理論基礎亦是天道自然。〈辯命論〉云：

　　　　夫通生萬物，則謂之道；生而無主，謂之自然。自然者，物見其然，不知所以然，同焉皆得，不知所以得。鼓動陶鑄而不為功，庶類混成而非其力。生之無亭毒之心，死之豈虔劉之志。墜之淵泉非其怒，升之霄漢非其悅。蕩乎大乎，萬寶以之化；確乎純乎，一化而不易。化而不易，則謂之命。

可見劉峻亦未完全擺脫王充談論命運的模式。

〔註8〕　戴逵撰，〈釋疑論〉，收錄於釋道宣編，《廣弘明集》（臺北市：臺灣商務印書館股份有限公司，出版日期不詳），頁244。本論文所引用〈釋疑論〉的文字，皆根據此版本，只註明篇名，不另加註。

〔註9〕　收錄於楊家駱主編，姚思廉撰，《梁書》（臺北市：鼎文書局，1983年1月四版），〈范縝列傳〉，頁665。

〔註10〕　任繼愈主編，《中國哲學發展史（魏晉南北朝）》，頁703～704云：「在否認報應的人們那裏，共同信奉的觀點就是命運出於自然。」

〔註11〕　劉峻撰，〈辯命論〉，收錄於〔梁〕蕭統編，〔唐〕李善注，《文選》，頁1323。本論文所引用〈辯命論〉的文字，皆根據此版本，只註明篇名，不另加註。

　　總之，王充的命運論在魏晉崇尚自然，相信命運及反對因果報應風氣的推波助瀾下，成為有命論者談論命運直接且主要的效法及吸收對象，他的影響在魏晉時期是無人能出其右的。〔註12〕

　　而至宋代，雖然理學家大都以「義」為關注的問題，著重人事問題的為討論命運的重點，而形成「言義不言命之說」或「義命合一之說」〔註13〕，但這並不表示理學家完全不受王充命運論的影響。張載在《正蒙》中便說到：

　　　命稟同於性，遇乃適然焉。……行同報異，猶難語命，可以言遇。
　　　〔註14〕

　　　窮理盡性，則性天德，命天理。氣之不可變者，獨死生修夭而已。
　　　故論死生則曰有命，以言其氣也。語富貴則曰在天，以言其理也。
　　　此大德所以必受命，易簡理得，而成位乎天地之中也。所謂天理也
　　　者，能悅諸心，能通天下之志之理也。能使天下悅且通，則天下必
　　　歸焉。不歸焉者，所乘所遇之不同，如仲尼與繼世之君也。舜禹有
　　　天下而不與焉者，正謂天理馴致，非氣稟當然，非志意所與也。
　　　（〈誠明〉）

以為「行善得福，行惡得禍」是自然之常則，是天理，亦以為富貴貧賤與其行為的善惡有必然的關係，但生死壽夭是由形體氣稟強弱所決定，與行為之善惡無任何關係的。這樣的觀點與王充所說的「稟得堅強之性，則氣渥厚而體堅強，堅強則壽命長，壽命長則不夭死」（〈命義〉）、「命當夭折，雖稟異行，終不得長」（同上）一致。

　　而朱子言命的模式更與王充相近。他說：

　　　稟得精英之氣，便為聖，為賢，便是得理之全，得理之正。稟得清
　　　明者，便英爽；稟得敦厚者，便溫和；稟得清高者，便貴；稟得豐
　　　厚者，便富；稟得久長者，便壽；稟得衰頹薄濁者，便為愚、不

〔註12〕劉大杰亦以為魏晉的有命論與其如蔡元培所說的出自儒家，說是出自染有道家思想的王充更為貼切。參見其所著，《魏晉思想論》（臺北市：臺灣中華書局，1957年7月臺一版），頁113。

〔註13〕參見葛榮晉著，《中國哲學範疇導論》（臺北市：萬卷樓圖書有限公司，1993年4月初版一刷），頁632。

〔註14〕張載撰，王夫之注，《張子正蒙注》（臺北市：廣文書局有限公司，1970年12月初版），〈乾稱〉，頁361。本論文所引用《正蒙》的文字，皆根據此版本，只註明篇名，不另加註。

　　肖，爲貧，爲賤，爲天。天有那氣生一箇人出來，便有許多物隨他
　　來。

　　有人稟得氣厚者，則福厚；氣薄者，則福薄。稟得氣之華美者，則
　　富盛，衰颯者，則卑賤；氣長者，則壽；氣短者，則天折。此必然
　　之理。

　　問：「得清明之氣爲聖賢，昏濁之氣爲愚不肖；氣之厚者爲富貴，薄
　　者爲貧賤，此固然也。然聖人得天地清明中和之氣，宜無所虧欠，
　　而夫子反貧賤，何也？豈時運使然邪？抑其所稟亦有不足邪？」曰：
　　「便是稟得來有不足。他那清明，也只管得做聖賢，卻管不得那富
　　貴。稟得那高底則貴，稟得厚底則富，稟得長底則壽，貧賤天者反
　　是。夫子雖得清明者以爲聖人，然稟得那低底、薄底，所以貧賤。
　　顏子又不如孔子，又稟得那短底，所以又天。」〔註15〕

不但生死壽天是氣稟所致，貴賤貧富、甚至賢聖智愚皆由氣所決定。這樣的
說法亦可說是受到王充的影響〔註16〕。但此時及其後，王充命運論的影響只
限於以氣言命的模式，而不似魏晉時期不僅在理論上及態度上皆被大量的吸
收及沿用。

　　總括來說，王充的思想，雖產生於漢代，但因《論衡》失傳，而遲至魏
晉南北朝才發揮作用、產生影響。雖然魏晉學者未必繼承王充對命運論提出
修正後回歸傳統儒、道言命的精神，而至宋後也未必有更廣泛的影響，然而
王充命運論不僅是在對命運的態度或是談論命運的方式，確實在中國命運論
發展史中扮演著承先啓後的角色，這使其命運思想更彌足珍貴。我們甚至可
以說，中國命運發展史中若沒有王充的命運思想，將會黯淡無光。

第三節　王充命運論的檢討

　　縱然王充命運論的價值與影響有目共賭，然而在他的理論中，也有不夠
周延、詳盡及自相矛盾之處，以致造成後人在研讀上的困難及誤解。因此，
本節便以下列幾個方向對王充命運論作最後的檢討，以便對王充的命運論作

〔註15〕黎靖德編，《朱子語類》，共八冊（臺北市：文津出版社，1986年12月出版），
　　　　冊四，〈卷第四〉，頁77、79、80。
〔註16〕張岱年認爲朱子言命雖與王充有相當類似之處，然而他的說法卻比王充更加
　　　　清楚。參見其所著，《中國哲學大綱》，頁410～411。

更深入的掌握。

一、命運論形上根源的檢討──元氣說的檢討

王充基於反天人感應的立場，透過「天」與「氣」的關係，肯定「氣」單純的物質性及「恬淡無欲，無爲無事」（〈自然〉）的特性，並據此作爲萬物形成的基本元素及命運形成的主要關鍵。

首先，仲任即透過稟氣厚，則體堅強；體堅強，則壽命長的觀點，說明「稟壽夭之命，以氣多少爲主性」（〈氣壽〉），以氣的厚薄爲「強弱壽夭之命」的原因。由於在論證稟氣與壽命的關係時，仲任亦以相當先進的優生保育觀念強調氣、母體與胎兒三者的關係〔註17〕，因此仲任這樣以氣的厚薄解釋壽命的長短的觀點，亦可說是有其道理。而他亦以氣的不同來源，說明了人的「強弱壽夭之命」與「貴賤貧富之命」的不一致性，雖然「星氣說」過於迷信，亦成爲後人攻擊的主要對象，然而這樣的說法卻也爲壽夭、貧富、善惡之間並非一致的關係自圓其說。

對於人性之善惡，仲任雖亦以爲「稟氣有厚薄，故性有善惡」（〈率性〉），以氣的厚薄爲之說明，但他更進一步的以爲「性本自然，善惡有質」（〈本性〉），氣具有五常之性，即仁、義、禮、智、信等五種不同的性質，性的表現就靠氣之性質的彰顯。在這裏，雖然仲任透過人皆「懷五常之氣」（〈本性〉），只是五常之氣厚薄有別，因此自然凸顯出善惡的不同，而可靠後天的教化培養較薄弱之氣，改變原來本性，以肯定「性可改」，然而，仲任所一再肯定的物質之氣，卻如何能具有五常之性、善惡之質？又如果仲任解決了氣的性質問題，一物質之氣又如何能支配、影響人的遭遇與作爲？氣的厚薄如何能具體對形成人生的「遇」、「遭」、「幸」、「時」等因素造成影響？這些都是仲任未能加以說明的。

由此可見，仲任本身亦了解到只靠物質之氣，即沒有屬性之氣的厚薄，根本無法對人生各種複雜的現象作出全面的解釋，因此在面對人命運、道德等複雜問題時，便接受了當時讖緯之學言氣的方式，漸漸背離原本所堅持氣爲物質之氣的立場，保留了氣的神秘力量，而產生種種的混亂、自相矛盾。

〔註17〕〈氣壽〉云：「婦人疏字者子活，數乳者子死。何則？疏而氣渥，子堅強；數而氣薄，子軟弱也。懷子，而前已產子死，則謂所懷不活，名之曰懷。其意以爲，已產之子死，故感傷之子失其性矣。所產子死，所懷子凶者，字乳亟數，氣薄不能成也。雖成人形體，則易感傷，獨先疾病，病獨不治。」

總之，元氣說本身自有局限及困難，實無法爲人生的複雜現象作出解釋，而王充對當時元氣論的接受，亦是他違反其「疾虛妄」之旨的明顯證明。

二、論命運的方法的檢討

王充善用「效驗法」、「類比法」、「演繹法」、「歸納法」、「典證法」及「譬喻法」等方法，以將抽象的命運概念具體呈現於人。但他的命運論卻也受到方法論本身的局限，或王充本人不當的運用，而受到相當的限制。

首先，仲任所強調的「效驗法」，即是要人「考之以心，效之以事」（〈對作〉），以合理的思考及判斷作爲了解事物眞相的首要功夫，且以耳目所及之客觀事物爲立論的依據，因此，在其命運論中，不乏見到仲任訴諸於經驗的論證，如他以顏淵、伯牛等人駁斥「隨命」之說，而在〈骨相〉通篇中，更充斥著這樣的論證。

然而訴諸於經驗的論證，並不具普遍性。它只能反駁或證成某些觀點，卻無法證明此觀點是一普遍的法則，且仲任能找到符合其論點的事證，反對者亦可以從其觀點找到反證，因此，這樣的論證是既鬆散又乏力的。又仲任以爲「不以心而原物，苟信聞見，則雖效驗章明，猶爲失實」（〈薄葬〉），而他所深信「非徒命有骨法，性亦有骨法」（〈骨相〉），便與他自己所說的「不以心而原物，苟信聞見」（〈薄葬〉）相違背，因此，就算骨相可知命的證據確鑿，亦無法讓人信服。

此外，仲任亦以「類比法」、「演繹法」、「歸納法」、「典證法」及「譬喻法」等方法論證其命運論。他採用「類比法」及「譬喻法」無非要借用淺顯易懂或大家熟知的事理說明其命運論，以使他的理論能廣爲接受及理解。但有時卻因仲任過份要求其命運論被人接受及論證本身的困難，以致出現強作比喻或不適當類比的情況。如他說：「牛壽半馬，馬壽半人，然則牛馬之形與人異矣。稟牛馬之形，當自得牛馬之壽，牛馬之不變爲人，則年壽亦短於人」（〈無形〉），以不同類的動物有不同的形體，不同的形體有不同的壽命來類比人的形體與壽命的關係，或以陶冶不能使爍銅皆成、燔器盡善譬喻「天地不故生人，人偶自生」（〈物勢〉）之理〔註18〕，都是強作比喻或不當類比的情況。

〔註18〕〈物勢〉云：「今夫陶冶者初挺埴作器，必模範爲形，故作之也；燃炭生火，必調和爐，故爲之也。及銅爍不能皆成，器燔不能盡善，不能故生也。夫天不能故生人，則其生萬物，亦不能故也。天地合氣，物偶自生。」

　　雖然仲任未因連續使用不當的類比或譬喻，影響到他的命運觀點〔註 19〕，但仲任習以「類比法」及「譬喻法」爲其論證的方法卻深受詬病。在當時，他便遭受「比不應事，未可謂喻；文不稱實，未可謂是也」（〈物勢〉）的批評，而後亦有「其釋物類也，好舉形似以相質正，而其理之一者，有所未明」〔註 20〕類似的評論，可見仲任並未謹慎的運用類比法或是譬喻法，因此使其命運論的接受度與可信度大打折扣〔註 21〕。至於王充所運用的「演繹法」及「歸納法」亦有方法論本身的局限。「演繹法」是由普遍的原理推論未知或部份的事理，演繹而得的只是包含於前提的舊知識，即由演繹法所得的結論已包括在前提之中〔註 22〕，因此推論的結果必定受到前提的束縛，如果以錯誤的原理爲前提，則推出的結論也會是錯誤的〔註 23〕。因此我們亦可說仲任只是利用「演繹法」再次重申他的命運觀，而未論證其命運論是確實無誤的，畢竟被仲任視爲普遍原理的前提是錯誤的。例如：操行賢愚與禍福，及是非與賞罰之間沒有必然的因果關係即是錯誤的。

　　而「歸納法」是以觀察到的事實爲推論的根據，然而這樣的方法，亦是以特定的觀察或經驗爲推論的前提，歸納的性質完全取決於觀察樣本的代表性，如果它足以代表其他每一個發生的情況，亦即具有普遍性，則由此推出的結論，也具有普遍性。但是我們並無法由經驗得到一普遍的前提，因此藉

〔註 19〕 林麗雪著，《王充》，頁 171 云：「在《論衡》中迄未發現有因連續使用譬喻，以致離題愈來愈遠的現象。」

〔註 20〕 參見〈論衡舊序〉，收錄於王暉撰，《論衡校釋》，冊四，頁 1315。

〔註 21〕 宋稚青、林如豪合著，《邏輯與科學方法》，頁 196 云：「由類比推論出的結論雖是蓋然性的，但概然的程度有極大的差別，蓋然性強的接近眞理，價值較大，蓋然性弱的，距離眞實遠，價值就低微了。爲此應用類比法時，要設法尋找蓋然性強的類似點，以達到價值較大的結論。爲達此目的，對作爲推論基礎的類似點應加注意。（一）類似點當是本質的屬性，不可爲偶然的屬性。（二）類似的各屬性與待論的事物的關係，當是彼此相容納，相適合的，不可矛盾衝突。（三）互相比較的二事物之類似點不可過少。」又頁 197 云：「類比的類似點有時用格言或譬喻表達之。當此情形格言或譬喻與待證的事項關係之程度，亦應用上述三規則來衡量。」王充在類比及譬喻時便沒有嚴守這三項規則。

〔註 22〕 不論是穆勒、笛卡爾或是羅素都認爲「演繹法」無法助人獲得新的知識。但學者也有相反的意見，以爲透過「演繹法」可以獲得新知識。可參同上註，頁 116～118。而本論文此處採用傳統西方哲學家的觀點，以爲「演繹法」無法助人獲得新的知識。

〔註 23〕 林玉體著，《邏輯》（臺北市：三民書局股份有限公司，1987 年 12 月三版），頁 275。

之所推論出的亦不是一普遍的原理〔註24〕，充其量也只是解釋了所觀察到的現象而已〔註25〕。仲任雖以大量的事實支持他的命運觀點，但他也難免犯了「以偏概全」的錯誤。

不論是仲任訴諸於經驗的論證，或是間接推理的推論根據，既有的文獻都是他取證的唯一根據。也因此，在他的命運論中，不但可見到仲任皆舉證歷史人物，更喜以各家之言，論證其「有命」的觀點。但由於一般人對書籍有「不奇，言不用」（〈藝增〉）的情況，所以也導致作者虛飾誇張以取信於人的著作風氣，因此對於「典證法」的運用，仲任自己有嚴格的要求，以爲讀者除了在引用前必先嚴格的考察文獻的內容之眞實性外，更要完全的理解原典，以免曲解原義〔註26〕。但仲任自己便犯了沒有考證文獻內容之眞實性，與曲解原典之意的錯誤。如在〈骨相〉中，仲任即先以古代十二聖賢之相爲證，且以爲這是「世所共聞，儒所共說，在經傳者，較著可信」，但在經傳中對古聖王異相的記載，有些是古神話之遺存，有些則是漢人緯書中的記載〔註27〕，並不可信。此外，他更舉了各種記載於「短書俗記，竹帛胤文」的事例，論證察表候可以知命，可見仲任無意中犯了未考察文獻內容眞實與否的錯誤。

又仲任對子夏所言的「死生有命，富貴在天」亦有所曲解，而以此爲星象決定貴賤貧富之命的基礎〔註28〕。這些都在在證明了仲任並未遵守他自己對「典證法」的運用所訂下的嚴格規定。

總之，仲任對方法論的不當運用及方法論本身的局限，在某些方面確實

〔註24〕 Peter J. Oconnell 原著，朱岑樓主編，彭懷眞等譯，《社會學辭典》（臺北市：五南圖書股份有限公司，1991 年 3 月出版），頁 423 云：「歸納的性質決定於樣本的代表性。如果它能代表那現象的每一個其他可能的例子，則概化的特性對全體將是眞的。結論的可能性，取決於對此樣本所作的檢定。於是它變成一個假設。因爲不可能對一個現象的所有例子都做檢定，所以假設的經驗效度不可能完全確定，但可以建立於某程度的機率上。」

〔註25〕 Earl Babbie 原著，李美華譯，《社會科學研究方法》（臺北市：時英出版社，1998 年 2 月初版），共二冊，冊上，頁 70。

〔註26〕 仲任著作〈語增〉、〈儒增〉、〈藝增〉三篇的目的便在批評既有典籍浮誇之處。

〔註27〕 龔鵬程編，《漢代思潮》（臺北市：紅螞蟻圖書有限公司，1999 年 8 月出版），頁 280。

〔註28〕 〈命義〉云：「子夏曰：『死生有命，富貴在天』，而不曰：『死生在天，富貴有命』者，何則？死生者，無象在天，以性爲主。……眾星在天，天有其象。得富貴象則富貴，得貧賤象則貧賤，故曰：『在天』。」

減損了其命運論的價值。然而自古以來，如此善用各種方法具體地談論命運者應首推王充，因此我們也不該全盤否定仲任運用方法談論命運的嘗試與創舉。

三、偶然、必然與自然三者相互混淆的檢討

〈物勢〉云：「天地合氣，人偶自生」，〈偶會〉亦云：「命，吉凶之主也，自然之道，適偶之數。」對王充而言，不論是萬物的創生，人命運的形成，甚至是人生遭遇皆是「偶」、「適」的表現。然而他在運用「偶」的概念時，卻表現出定義不清，與必然性、自然相互混淆的混亂情況，因此，以下將針對「偶然與自然」、「偶然與必然」二者彼此相混淆的情況檢討王充的命運論。現析論如下：

（一）偶然與自然之混淆

王充對「偶」概念的提出，無非是要針對當時「天故生人」之「故」，即有意志、有目的的概念，因此他所說的「人偶自生」（〈物勢〉）、「物偶自生」（同上）的「偶」應只在強調無意志、無目的的概念，與天道自然無為之「自然無為」為相同的意思。但仲任在其命運論中，所一再強調的是「偶」字的偶然性義涵，因此他進一步地將無意識之自然與偶然畫上等號，以為「偶適自然」（〈初稟〉）、「偶自然也」（〈物勢〉）、「自然之道，適偶之數」（〈偶會〉），無意識、無目的、自然而形成的現象就是偶然的現象，這樣的說法卻是有待商榷。因為他自己也承認有些自然的現象是必然的，有規律的，如他即說道：「夏時日在東井，冬時日在牽牛。牽牛去極遠，故日道短；東井近極，故日道長」（〈說日〉），太陽運行的軌道及日夜長短的變化是必然且有規律的，但依他上面的說法，無意識、目的、自然形成的現象便是偶然現象的說法而論，日夜的長短變化應亦是偶然、沒有規律的。可見無目的而成的現象不一定就是偶然的現象，自然而成的事物亦有其自然必然的規律存在，仲任將無目的、意志的自然義與偶然義相混而論。

此外，王充的自然概念亦包括任何事物、現象、過程，它的產生發展及其終結都是自己而然，不需要任何原因與條件，也是沒也原因和條件〔註29〕，但他卻以為不需任何原因與條件所形成的事物就是「偶然」的現象。他說：

> 世謂秋氣擊殺穀草，穀草不任，凋傷而死。此言失實。夫物以春生

〔註29〕金春峰著，《漢代思想史》，頁483。

夏長，秋而熟老，適自枯死，陰氣適盛，與之會遇。……夫人終鬼
來，物死寒至，皆適遭也。（〈偶會〉）

在這裏，同樣發生「自然」與「偶然」相互混淆的情況。所謂事物的偶然性
是各別條件所引起的各別結果〔註30〕，它亦是有其原因及條件的存在，只是
可能我們一時之間無法了解及掌握其原因及條件。在這裏，王充便犯了這樣
的雙重錯誤，即他將自己所未了解到或無法了解的事物成因歸為沒有原因、
條件、是自發的現象，然後又將之視為偶然的現象。在他這樣的自然意涵
下，仲任又再次將「自然」與「偶然」相互混淆。又自然而成的事物是否真
的不需任何原因與條件便可自己而然，這亦有待商榷。

此外，王充既然認為任何事物、現象、過程，它的產生發展及其終結都
是自己而然，不需要，也沒有任何原因與條件，卻為人生遭遇歸結出「命」
這樣一個原因，可見他對自然意義的了解有所偏差，以致產生語義上的混
淆。〔註31〕

（二）偶然與必然之混淆

從上述可知，王充所認為的偶然性是自發的、盲目的，與其他事物沒有
必然的因果聯繫。這個結論是由他觀察及經驗到「才高行絜，不可保以必尊
貴；能薄操濁，不可保以必卑賤」（〈逢遇〉）、「處尊居顯，未必賢」、（同上）
「位卑在下，未必愚」（同上）、「修身正行，不能來福；戰栗戒慎，不能避禍」
（〈累害〉）等事實而得。然而從這些事例中，我們確知賢愚、操行、才能等
與富貴、禍福等是沒有必然的因果聯繫，但我們並不能據此而推論說富貴、
禍福與其他的事物皆沒有因果關係，因為社會的現象是複雜的，一個原因可
以影響許多結果，一個結果亦可能是由一系列的原因所產生，人實在無法對
一個現象所有的成因皆能掌握。因此，在看似與其他事物沒有必然因果聯繫
的偶然現象中，亦可能有其內在、不被人所知的必然性存在。仲任便是掩飾
了事物有其內在的必然性，不能從偶然性中揭示出必然的規律，而把偶然性
當作必然性，必然性又當成偶然性，混淆了兩者之間的區別，更沒有進一步
說明兩者相存相依的關係。

〔註30〕徐敏著，《王充哲學思想探索》，頁140。
〔註31〕侯外廬主編，《中國思想通史》，卷二，頁308云：「王充的命定論和他『自然』
　　　　原則在語義的外表上看來，是協調的，然而從自然的原則出發而超出『自然』
　　　　原則方面來看，是語義的混亂。」

又仲任在其命運論中雖一再強調「偶然性」在人生中扮演的角色，然而亦以為「度數相得」、「度數並放，適相應」、「遭逢會遇，自相得」、「期數自至，人行偶合」（〈偶會〉），在命的必然決定性下，構成遭遇的各因素，即「遇」、「遭」、「幸」、「時」等會必然會相合，如此便是他自己對「遇」、「遭」、「幸」、「時」等因素偶然性的否定。可見，王充並未嚴格的對「偶然性」與「必然性」加以分別。

總之，王充並沒有把「自然性」、「偶然性」與「必然性」三者區分清楚，也不能從自然性與偶然性中，了解到必然性的規律，而混淆了三者的關係，不僅造成其命運論在研讀上倍感困難，同時也反映出思想的矛盾和缺失。

四、疾虛妄效率的檢討——星氣、骨相、國命的檢討

王充的命運論雖以感嘆自己的際遇為出發點，但其「疾虛妄」的用意亦可從他以命運為物質之氣及對「偶」的強調窺探出。但他對命運論的某些內容而言，確實並未完全做到「疾虛妄」的要求。

首先，就是仲任的「星氣說」。他以為「國命」及人的「貴賤貧富之命」即取決於眾星的變化及星位的尊卑，並引子夏「死生有命，富貴在天」（〈命祿〉）之言力證。由於當時星象學廣泛被利用於人事禍福的推算，因此仲任星氣說的產生，可說是受限於時代的風氣。但一個對天文學有豐富而先進知識、見解的人，會受到這樣的影響，實讓人不可思議。又「淫讀古文，甘聞異言」（〈自紀〉）且「考論實虛」（同上）的王充竟會對子夏之言有如此錯誤的理解，亦讓人百思不得其解。

而他對骨相、相命之術的肯定，亦讓人大惑不解。雖然他認為藉由骨相掌握命運的運行之理，能進一步幫助人作出符合自己命運的行為，而坦然面對命運所造成的種種複雜情況，及透過骨相能審察人性，而達到遷善化惡的積極目的，然而仲任的骨相依據卻是古神話之遺存、穿鑿附會的緯書及「短書俗記，竹帛胤文」（〈骨相〉），他不加考察，而深信不疑，這確與「疾虛妄」之旨背道而馳。而對於眾多相工相出的命運與實際不相符的情況，他卻歸因於相工的「失之不審」（同上），這樣的理由，更違反了其「詮輕重之言，立真偽之平」（〈對作〉）的立場。

相較於荀子對相人之術及星象說的反對，仲任這樣的言論確實是思想上

的倒退。但或許他是有鑑於世人「不奇，言不用」（〈藝增〉）的情況，為了讓世人接受其命運思想，以達到其最終「疾虛妄」的目的，因此不得已而加入與「疾虛妄」的立場顯而易見的矛盾理論，以勸誘世人的接受。

　　縱然王充對星象說及骨相說的運用的目的可議，但在其命運論中最大的敗筆及矛盾並不在此，而是在於「國命論」。仲任對國命概念的提出，一方面是在解決「正命」與「遭命」的衝突問題〔註32〕，其用意亦在於破除君權神授、君相造命的迷信。然而在開展其國命論時，仲任卻主張「世謂古人君賢則道德施行，施行則功成治安；人君不肖則道德頓廢，頓廢則功敗治亂。古今論者，莫謂不然。何則？見堯、舜賢聖致太平，桀、紂無道致亂得誅。如實論之，命期自然，非德化也」（〈治期〉）、「教之行廢，國之安危，皆在命時，非人力也」（同上）、「人之死生，在命之夭壽，不在行之善惡；國之存亡，在期之長短，不在於政之得失。」（〈異虛〉）可見仲任的國命論並沒有破除自己極力所反對的立場，又由於在《論衡》中有歌頌、贊揚漢朝之作，其國命論的著作動機反而令人懷疑。也難怪陳拱先生嚴厲批評王充的國命論是「最惡劣、最荒謬的」、「其謬誤乃是歷來學術上所罕見的」〔註33〕。由此可見，王充的國命論不僅違反了他一貫「疾虛妄」的立場，更是其命運論中最大的敗筆。

五、命運論內容局限的檢討

　　王充對命運的看法，無疑的是受到他本身遭遇的影響，因此他以人生遭遇的適、偶為起點來揭示命運的意義，並為人生作出「有命，有祿，有遭遇，有幸偶」（〈命義〉）的總結。在命運論中，雖然他將命加以分類，亦鉅細靡遺的分析了「命」、「遇」、「遭」、「偶」、「幸」、「時」等對人生的作用與影響，然而我們發現王充談論命運只觸及到人的生死及富貴貧賤的問題。相較於人的生死壽夭問題，仲任不僅用了大量的篇幅作討論，在談論「遇」、「幸」、「偶」等概念時，他亦較著重於這些概念對貧賤富貴之命的影響。而他亦以富貴可

〔註32〕　〈命義〉云：「命善祿盛，遭逢之禍，不能害也。歷陽之都，長平之坑，其中必有命善祿盛之人，一宿同填而死，遭逢之禍大，命善祿盛不能卻也。譬猶水火相更也，水盛勝火，火盛勝水。」又云：「國命勝人命，壽命勝祿命。」在國命大於人命的前提下，國家有遭逢之禍，人民就算是命善祿盛亦不可免禍，如此則是「遭命」勝過「正命」。

〔註33〕　陳拱著，《王充思想評論》，頁284。

求、富貴不能平白無故地從天而降的觀點直接肯定命運可改、人的主觀能動性，及「雖云有命，當須索之」（〈命祿〉）等觀點，由此可見仕途的順逆、祿位的高低等富貴名利的問題是他無法跳脫的枷鎖，是他談論命運的重點，亦是他命運論內容的局限。

此外，我們亦可發現王充亦只著重於找尋主宰人生遭遇的原因。在他找到解答，並以「命」來反映及概括事物的必然性後，並未更進一步的觸及人該如何安身立命的問題。雖然他肯定可透過人為作用突破某些限制，但如生老病死等的生命限制，無疑的是人為所無法突破的。因此，筆者以為彰顯了人生命有所限定的道理後，反而會讓人更加不安，肯定人的主觀能動性卻未教人如何安身立命亦是不足以助人坦然的面對人生的種種遭遇。仲任以為只要彰顯了人之生命有限定的道理，便有助於人坦然面對生命，而未能在其命運論中對人如何安身立命的問題有所著墨，這樣的作法實在讓人遺憾。

六、命運論定位的檢討

王充的命運論，一向被視為「宿命論」或「命定論」。現在筆者便以「命定論」、「宿命論」（Fatalism）的定義，並從其整套命運論著手，賦予王充命運論一個確切的定位。

宿命論者認為事情的發生都是因為命運，命運注定一切；在命運掌握下，該發生的事情，一定要發生，不該發生的事情，永遠不會發生。他們看現在和將來，就如我們看過去一樣。對我們來說，過去的一切都已變為事實，如米已成粥，已脫離了我們的掌握，不能再作改變。對宿命論者或命定論者而言，不論是過去、現在或未來都未在、也不會在我們的掌握之中。一切都是命運決定的〔註34〕。更進一步的說，命運的力量大於一切，已決定了一切，包括人奮鬥、努力與否。

在仲任未肯定命運可改變之前，從他「莫不有命」（〈命祿〉）、「命貴，從賤地自達；命賤，從富位自危」（同上）的觀點來說，其命運論無疑是宿命論。然而在〈命祿〉中，仲任提到「求」的概念，以為「雖云有命，當須索之」、「勉力勤事以致富，砥才明操以取貴，廢時失務，欲望富貴，不可得也」，雖然人的努力仍敵不過最終的命運，但命運仍須靠人為的彰顯，人的努力與奮

〔註34〕參見王臣瑞著，《倫理學》（臺北市：臺灣學生書局，1995年9月初版六刷），頁57。

鬥與否是人自己可以作決定的。由此可見，王充並不以為在「莫不有命」（同上）的前提下，人的一切都已被決定，其命運論與宿命論是大異其趣的。又從他透過性可改，肯定人的主觀能定性，肯定命運亦可改變的觀點而言，可進一步釐清仲任的命運論並非是命定論或是宿命論。對於王充，筆者以為他是命可定論者，即承認人的生命是有客觀的限制，但人卻也有主觀的作為，可以自行決定自己是否要依順於命運的安排。也就是說，仲任並沒有取消人的自由意志及自我主宰性，人只有在放棄自己能有所作為的能力，而等待命運者，則其遭遇才是被命運所決定的。

七、性與命的檢討

王充為了達到道德教化的目的，而以「性」等同「命」的論點修正其命運論，從而突破命運不可變、人是命運傀儡的困境。然而在命與性的關係上，仲任卻也出現矛盾、含混不清的情形。首先，他以氣性概括了人的才性、德性、稟性，以氣的厚薄，及性質說明才性、德性、稟性，可是物質之氣如何能具有決定人德性、才性、稟性之性質？

此外，對於性與命的關係，仲任時而將「性」概括在「命」的概念之下，即性的善惡、人的智愚皆是命所致，如他說：「命貴之人，筋力自高，命貴之人，才智自高」〈命祿〉、「瘖聾跛盲，氣遭胎傷，故受性狂悖」〈命義〉，時而以為性與命雖是相同的東西，但是各行其道，「命」是主吉凶，「性」是主善惡，各有各的決定性，因此出現「性則命也」、「性與命異」（同上）這種自相矛盾的言詞。從王充一開始即非常堅定的主張命不可改，進而以性言命，最後復強調命也可改，如此的論調，實無法經得起嚴格的邏輯檢證，因為無論如何，吾人都不能一方面說命不可改，一方面卻說命可改，這樣是違背同一律的規定。

雖然王充在性與命關係的論析欠週延、明晰，然而他卻是透過命與性的根源，性與命的關係，明言性可改，證實了命可改，以肯定人才是自己的主宰。因此筆者亦以此點來肯定王充命運論在道德教化上的貢獻及其理論的價值。〔註35〕

〔註35〕徐復觀以為王充肯定性可改的觀點，雖在他全盤的思想中，顯得突出而不調和，但卻也有賴此突出，而可承認他的思想家地位。參見其所著，《增訂兩漢思想史》，頁368。因此，筆者即據此，肯定王充藉由性可改，進而肯定命可改的道德教化價值。

第十章　結　論

　　透過對王充命運論的探討，筆者深深領悟人生遭遇對個人思想、行為的影響，同樣也深深體會個人的思想、行為對人生遭遇的影響。王充對命運的看法肇始於自身不順遂的遭遇，然而，他不順遂的遭遇難道真的是由命運所致嗎？事實並非如此，俗語說：「人的性格，決定了個人的命運。」這說法正是王充一生遭遇最佳的註解。因為他官場上的失意，與其自身的性格有密切的關係，而又由於他自負、剛強、不服輸的性格，使他在抒發情感、揭示人生的限制時，不僅能大膽的反對當時的命運觀、對前人言命的精粹加以吸收，因而能以嶄新的方法和角度，巨細靡遺地談論命運的相關問題，是以其命運論在中國哲學上別具一格。而他的命運論在中國哲學發展史上之所以有如此獨特的地位，也在於他以「性」言「命」，進而肯定人的主觀能動性，以達到道德教化的目的。

　　雖然王充透過「性」與「命」關係的論述，已擺脫命運不可改的命定窠臼，但這也是王充立說觀點前後不一、搖擺不定最明顯的例子之一。他的命運論出現前後不一致的情形，固然是由於經過後期的修改所致，卻足以反映他整個哲學思想缺乏一貫性〔註 1〕。無論如何《論衡》的主旨在於「疾虛妄」，所以他的立場與目的往往都是以反駁他人的理論為出發點，因此論點前後不一，甚至自相矛盾的情況在《論衡》中屢見不鮮。因此我們可說，王充的命運論正好反映出他為學和立說的特點，也反映出《論衡》的特點和缺點。

〔註 1〕 李偉泰認為王充命運論中自相矛盾的情形會存在，主要是因為其思想體系本來就缺乏一貫性。參見其所著，《漢初學術及王充論衡述論稿》（臺北市：長安出版社，1985 年 5 月出版），頁 219。

　　此外，王充命運論的不一貫性，亦可說是導因於他本身理性與感性的衝突。因為，一方面他「傷時命之坎坷」，要發洩情緒上的不滿，一方面卻「疾世俗之虛偽」，要對當時虛妄的命運觀作理性的批判，因此，論點難免相牴觸。職是之故，吾人可跳出王充命運論是否自相矛盾的迷思，而反省其命運思想對吾人有何實質意義。

　　究其實，人在遇到困境，或是面對百思不得其解的問題時，往往會思索命運的問題。對有些人來說，命運代表一切問題的解答，亦是在冥冥之中牽引人生的神秘力量。透過王充及前人對命運的探討和論述，筆者深信人是有限的存有，在某些方面如生、老、病、死等，是人所無力自主的，但在這些生命客觀的限制之外，人確可盡其力達到自己的目標。揭示生命的限制，讓人在有限的歲月中，也能關注與發揮人的主觀能動性，這就是聖賢談論命運的要旨，只可惜，人會輕忽聖賢的要旨，只偏取人是被限制的一面，將自己無法解決、了解，甚至是自己不願解決的事都歸咎於命運，也因此怨嘆、消極自是難免。總之，筆者以為不論命運是否存在，人生的遭遇並不會完全受到命運所影響，人的主觀態度和努力才是決定自己命運的要素。因此，筆者以「做命運的主人」自許，因為人才是命運的主宰。

參考書目

（以本論文引用爲主）

一、原　典

1. 王充著，蔡鎭楚注譯，《新譯論衡讀本》，共二冊，臺北市：三民書局股份有限公司，1997 年 10 月初版。

2. 王先謙、劉武撰，《莊子集解·莊子集解內篇補正》，臺北市：木鐸出版社，1988 年 6 月初版。

3. 永瑢等編，《欽定四庫全書總目》，共十六冊，臺北市：藝文印書館，出版日期不詳。

4. 朱熹撰，《四書章句集註》，臺北市：鵝湖出版社，1984 年 9 月初版。

5. 汪榮寶著，《法言義疏》，臺北市：藝文印書館，1968 年 6 月再版。

6. 李漁叔註譯，《墨子今註今譯》，臺北市：臺灣商務印書館股份有限公司，1980 年 8 月四版。

7. 李滌生著，《荀子集解》，臺北市：臺灣學生書局，1979 年 2 月初版。

8. 易中天注譯，《新譯國語讀本》，臺北市：三民書局股份有限公司，1995 年 11 月初版。

9. 吳怡著，《新譯老子解義》，臺北市：三民書局股份有限公司，1998 年 9 月三版。

10. 金履祥撰，《尚書·尚書表注》，臺北市：國立中央圖書館，1991 年 2 月出版。

11. 唐太宗御撰，《晉書斠注》，臺北市：新文豐出版股份有限公司，出版日期不詳。

12. 揚雄著，《太玄經》，臺北市：臺灣中華書局，出版日期不詳。

13. 許慎撰，段玉裁注，魯實先正補，《說文解字注》，臺北市：黎明文化事業股份有限公司，1994 年 7 月十一版。

14. 郭建勳注譯，《新譯易經讀本》，臺北市：三民書局股份有限公司，1998 年 10 月再版。

15. 張載撰，王夫之注，《張子正蒙注》，臺北市：廣文書局有限公司，1970 年 12 月初版。

16. 班固撰，《白虎通·風俗通》，臺北市：黎明文化事業股份有限公司，出版日期不詳。

17. 陳子展撰，《詩經直解》，臺北市：書林出版有限公司，1992 年 8 月出版。

18. 黃暉撰，《論衡校釋》，共四冊，北京：中華書局，1996 年 11 月一版三刷。

19. 董仲舒著，《春秋繁露》，臺北市：臺灣中華書局，1984 年 5 月臺二版。

20. 楊家駱主編，范曄撰，《後漢書》，共六冊，臺北市：鼎文書局，1974 年 10 月初版。

21. 楊家駱主編，班固撰，《漢書》，共七冊，臺北市：鼎文書局，1974 年 10 月初版。

22. 楊家駱主編，司馬遷撰，《史記》，共三冊，臺北市：鼎文書局，1981 年 9 月二版。

23. 楊家駱主編，杜預、孔穎達注，《左傳注疏及補正》，共三冊，臺北市：世界書局，1973 年 12 月再版。

24. 楊家駱主編，《全上古三代秦漢三國六朝文》，共九冊，臺北市：世界書局，1982 年 2 月四版。

25. 楊家駱主編，姚思廉撰，《梁書》，臺北市：鼎文書局，1983 年 1 月四版。

26. 黎靖德編，《朱子語類》，共八冊，臺北市：文津出版社，1986 年 12 月出版。

27. 劉安著，劉文典撰，《淮南鴻烈集解》，臺北市：文史哲出版社，1992 年 10 月再版。

28. 蕭統編，李善注，《文選》，共二冊，臺北市：五南圖書出版有限公司，1991 年 10 月初版一刷。

29. 魏徵等撰，《隋書》，臺北市：新文豐出版股份有限公司，1975 年 3 月初版。

30. 釋道宣編，《廣弘明集》，臺北市：臺灣商務印書館股份有限公司，出版日期不詳。

二、專　書

1. 王臣瑞著，《倫理學》，臺北市：臺灣學生書局，1995 年 9 月初版六刷。

2. 田鳳台著，《王充思想析論》，臺北市：文津出版社，1988 年 8 月出版。

3. 牟宗三著，《名家與荀子》，臺北市：臺灣學生書局，1982 年 5 月再版。

4. 牟宗三著，《才性與玄理》，香港：人生出版社，1963 年 9 月出版。

5. 任繼愈主編，《中國哲學發展史（魏晉南北朝）》，北京：人民出版社，1988 年，4 月一版一刷。

6. 沈冬青著，《揚雄——從模擬到創新的典範》，臺北市：幼獅文化事業公司，1993 年 12 月初版。

7. 李杜著，《中西思想中的天道與上帝》，臺北市：聯經出版事業公司，1991 年 5 月初版六刷。

8. 李澤厚著，《中國古代思想史論》，臺北市：風雲時代出版公司，1990 年 8 月初版。

9. 李約瑟著，陳立夫主譯，《中國之科學與文明》，共十六冊，臺北市：臺灣商務印書館股份有限公司，1973 年 7 月初版。

10. 李鍌等著，《中國歷代思想家【四】——賈誼、董仲舒、劉安、劉向、揚雄》，臺北市：臺灣商務印書館股份有限公司，1999 年更新版一刷。

11. 李增著，《淮南子》，臺北市：東大圖書股份有限公司，1992 年 7 月初版。

12. 李美華譯，Earl Babbie 原著，《社會科學研究方法》，共二冊，臺北市：時英出版社，1998 年 2 月初版。

13. 李偉泰著，《漢初學術及王充論衡述論稿》，臺北市：長安出版社，1985 年 5 月出版。

14. 宋稚青、林如豪合著，《邏輯與科學方法》，臺北市：自由太平洋文化事業公司，1964 年 9 月再版。

15. 周桂鈿著，《虛實之辨——王充哲學的宗旨》，北京：人民出版社，1996 年 2 月一版二刷。

16. 林劍鳴，《新編秦漢史》，共二冊，臺北市：五南圖書出版有限公司，1992 年 11 月初版一刷。

17. 林麗雪著，《王充》，臺北市：東大圖書股份有限公司，1991 年 9 月初版。

18. 林麗眞等著，《中國歷代思想家【二】——墨子、商鞅、莊子、孟子、荀子》，臺北市：臺灣商務印書館股份有限公司，1999 年 6 月更新版二刷。

19. 林玉體，《邏輯》，臺北市：三民書局股份有限公司，1987 年 12 月三版。

20. 胡適著，《中國古代哲學史》，臺北市：臺灣商務印書館股份有限公司，1958 年 3 月臺二版。

21. 高柏園著，《莊子內七篇思想研究》，臺北市：文津出版社，1992 年 4 月初版。

22. 金春鋒著，《漢代思想史》，北京：中國社會科學出版社，1987 年 4 月一版一刷。

23. 祝瑞開著，《兩漢思想史》，上海：上海古籍出版社，1986 年一版一刷。

24. 唐君毅著，《中國哲學原論——導論篇》，香港：人生出版社，1964 年 3 月初版。

25. 侯外廬主編，《中國思想通史》，共五卷，北京：人民出版社，1957 年 4 月一版一刷。

26. 張立文著，《中國哲學範疇發展史（人道篇）》，臺北市：五南圖書出版有限公司，1997 年 1 月初版一刷。

27. 張立文著，《中國哲學範疇發展史（天道篇）》，臺北市：五南圖書出版有限公司，1996 年 7 月初版。

28. 張立文著，《中國哲學範疇精粹叢書——氣》，臺北市：漢興書局有限公司，1994 年 5 月初版。

29. 張岱年著，《中國哲學大綱》，北京：中國社會科學出版社，1985 年 3 月一版二刷。

30. 徐復觀著，《中國人性論史——先秦篇》，臺北市：臺灣商務印書館股份有限公司，1999 年 9 月初版十二刷。

31. 徐復觀著，《增訂兩漢思想史》，共三卷，臺北市：臺灣學生書局，1979 年 9 月再版。

32. 徐敏著，《王充哲學思想探索》，北京：生活・讀書・新知三聯書店，1979 年 8 月一版一刷。

33. 康保延著，《王充天人思想研究》，出版地不詳：祥生出版社，1979 年初版。

34. 陳大齊著，《實用理則學》，臺北市：遠東圖書公司，1985 年 4 月出版。

35. 黃國安著，《王充思想之形成及其論衡》，臺北市：臺灣商務印書館股份有限公司，1983 年 11 月二版。

36. 黃雲生著，《王充評傳》，高雄市：三信出版社，1975 年 6 月初版。

37. 黃慶萱著，《修辭學》，臺北市：三民書局股份有限公司，1994 年 10 月增訂版。

38. 陳拱著，《王充思想評論》，臺中市：私立東海大學，1968 年 6 月初版。

39. 陳久金、楊怡著，《中國古代的天文與曆法》，臺北市：臺灣商務印書館

股份有限公司，1993 年 10 月初版。

40. 湯用彤著，《漢魏兩晉南北朝佛教史》，共二冊，北京：中華書局，1963 年一版二刷。

41. 傅斯年著，《傅斯年全集》，共七冊，臺北市：聯經出版事業公司，1980 年 9 月初版。

42. 馮友蘭著，《中國哲學史》，香港：太平洋圖書公司，1970 年 2 月出版。

43. 馮友蘭著，《中國哲學史新編》，共七冊，臺北市：藍燈文化事業股份有限公司，1991 年 12 月初版。

44. 勞思光著，《中國哲學史》，共三卷，臺北市：三民書局股份有限公司，1981 年 1 月初版。

45. 項維新、劉福增主編，《中國哲學思想論集——兩漢魏晉隋唐篇》，臺北市：牧童出版社，1979 年 4 月再版。

46. 劉君燦編，《中國天文學史新探》，臺北市：明文書局，1988 年 7 月初版。

47. 劉昭民編著，《中華天文學發展史》，臺北市：臺灣商務印書館股份有限公司，1985 年 1 月初版。

48. 劉大杰著，《魏晉思想論》，臺北市：臺灣中華書局，1957 年 7 月臺一版。

49. 葛榮晉著，《中國哲學範疇導論》，臺北市：萬卷樓圖書有限公司，1993 年 4 月初版一刷。

50. 蔣祖怡編，《王充卷》，河南省：新奉書店，1983 年 10 月一版一刷。

51. 謝朝清著，《王充治學方法研究》，臺北市：文津出版社，1980 年 5 月出版。

52. 謝无量，《王充哲學》，共三冊，臺北市：文星書局，1962 年 1 月初版。

53. 蔡仁厚著，《孔孟荀哲學》，臺北市：臺灣學生書局，1984 年 12 月初版。

54. 蔡欽仁譯著，《中國政治制度與政府史》，臺北縣：稻禾出版社，1996 年 12 月初版。

55. 鄭文著，《論衡析詁》，成都：巴蜀書社，1999 年 1 月一版一刷。

56. 薛保綸著，《墨子的人生哲學》，臺北市：國立編譯館，1986 年 3 月再版。

57. 鍾肇鵬，《孔子研究》，臺北市：淑馨出版社，1993 年 11 月初版。

58. 鍾肇鵬、周桂鈿著，《桓譚王充評傳》，南京：南京大學出版社，1993 年 11 月一版一刷。

59. 蕭公權著，《中國政治思想史》，共二冊，臺北市：中國文化大學出版部，1982 年 9 月二版。

60. 羅光著，《羅光全書》，共四十二冊，臺北市：臺灣學生書局，1996 年 8 月初版。

61. 羅光著，《中國思想史（一）》，臺北縣：先知出版社，1975 年 8 月出版。

62. 羅素著，何兆武、李約瑟合譯，《西方哲學史》，共二冊，臺北市：五南圖書出版有限公司，1994 年 7 月初版。

63. 龔鵬程編，《漢代思潮》，臺北市：紅螞蟻圖書有限公司，1999 年 8 月出版。

三、期刊、學位論文

1. 王邦雄撰，〈道家思想的倫理空間——論莊子「命」「義」的觀念〉，《哲學與文化》，二十三卷九期，1996 年 9 月。

2. 陳寧撰，〈漢晉時期思想界的命運觀〉，《新史學》，八卷四期，1997 年 12 月。

3. 曾漢塘撰，〈試論王充「氣」的觀念〉，《宗教哲學》，三卷三期，1997 年 7 月。

4. 張永儁主講，謝仁眞整理，〈命理與義理〉，《哲學雜誌》，三期，1993 年 1 月。

5. 曾漢塘撰，《王充命定觀之淵源與內涵探微》，國立臺灣大學哲學研究所博士論文，1996 年 6 月。

6. 黎惟東撰，《王充思想研究》，中國文化大學哲學研究所博士論文，1984 年 6 月。

四、英文專書

1. Helmer Ringgern, *Fatalistic Beliefs in Religion, Folklore, and Literature*, Stockhoim: Algrist & Wilksell.

附錄：王充與老子論「自然」之比較

摘要

　　王充的「自然」概念以「合黃老之義」（〈自然〉）自居，肯定老子的「自然無為」，但為了兼顧「外疾」與「內傷」的雙重為學目的，又受限於漢儒萬物被天影響之思考模式，他以「氣」闡釋與繼承老子「自由自在、自己如此、無所依靠」的「自然」意涵，發展「自因與自發」、自然生成之「自生」、不欲以生物之「無為」的「自然」，此外，王充的「自然」亦是「偶然」又「必然」的力量，是「本性、本質」之簡稱，更得以概括自然界的存在、規律與現象。

　　雖然王充之「自然」，喪失老子「自然」之原義，但卻如實反應漢代黃老道家的老學新面貌，也因此，本文即透過王充與老子兩者為學宗旨與論「自然」目的、「自然」根源及「自然」的涵義與作用三方面之比較，探討王充對老子「自然」概念之吸收與轉接，釐清王充與老子「自然」概念的承繼關係，凸顯老子思想在漢代加入新時代元素後之發展與面貌。

　　關鍵詞：王充、老子、自然、氣、自因、自生、必然、偶然

一、前　言

　　「自然」在王充的哲學中扮演極重要的角色，除了在《論衡》特別以〈自然〉闡述其義外，舉凡對「世書俗語」[註1]的批評或思想理論的建立，亦皆

──────────────

〔註 1〕王充著，袁華忠、方家常譯注，《論衡全譯》，共三冊，（貴陽市：貴州人民出版社，1993 年 3 月一版一刷），冊下，〈自紀〉，頁 1278。本文所引用《論衡》的文字，皆根據此版本，只註明篇名，不另加註。

本於「自然」。關於「自然」的繼承，王充明言「（儒家）不知推夫婦之道，以論天地之性」（〈自然〉），而「黃老之家，論說天道，得其實也」（〈譴告〉），所以「從道不隨事，雖違儒家之說，合黃老之義」（〈自然〉），自覺地採用老子「天道，自然也，無爲」（〈譴告〉）的思想〔註2〕。但在「試依道家論之」（〈自然〉）的同時，王充亦認爲，「道家論自然，不知引物事以驗其言行，故自然之說未見信也」（同上），批評道家論說「自然」，缺乏以經驗爲基礎的論證，因此在經驗知識與形上思考並重的爲學基礎下〔註3〕，對老子的自然加以承接，並作出修正〔註4〕。然而，王充既然修正老子的「自然」，則所談論的「自然」，是否仍符合老子「自然」的原意，本文即透過兩者的比較，以了解王充如何吸收與轉接老子自然的概念，及釐清老子思想在漢代的發展與演變。

二、王充與老子爲學宗旨與論「自然」目的之比較

（一）王充為學宗旨與論「自然」之目的

「內傷時之坎坷，外疾世俗之虛僞」爲《欽定四庫全書總目》對王充思想作出的總結〔註5〕。然而，不論是「內傷」或是「外疾」，「疾虛妄」〔註6〕是王充爲學立論的總原則。在「外疾」方面，他始於世俗「虛妄之言」，終於

〔註2〕 大多數的學者亦肯定王充「自然」的概念與道家之間的承繼關係。如胡適即云：「這是道家哲學的共同觀念。」見其所撰，〈王充的論衡〉，收錄於黃暉著，《論衡校釋》，共四冊，（北京：中華書局，1996 年 11 月一版三刷），冊四，頁 1014。此外，馮友蘭亦云：「王充《論衡》一書，即就道家自然主義之觀點，以批評當時一般人之迷信。」見其所著，《中國哲學史》，共二冊，（臺北市：臺灣商務印書館股份有限公司，1999 年 11 月增訂臺一版四刷），冊下，頁 588。

〔註3〕 王充云：「事莫明於有效，論莫定於有證。空言虛語，雖得道心，人猶不信。」（〈薄葬〉）亦云：「夫論不留精澄意，苟以外效立事是非，信聞見於外，不詮訂於內，是用耳目論，不以心意議也。夫以耳目論，則以虛象爲言；虛象效，則以實事爲非。是故是非者不徒耳目，必開心意。」（同上）可見他不僅重視「聞見於外」的客觀經驗知識，亦重視「詮訂於內」的形上思考。

〔註4〕 馮友蘭云：「王充繼承了老聃的這些原則。……但是王充的繼承是批判地繼承。他對老聃的思想，有所補充，也有所改正。」見其所著，《中國哲學史新編》，共七冊，（臺北市：藍燈文化事業股份有限公司，民國 80 年 12 月初版），冊三，頁 271。

〔註5〕 參見永瑢等編，《欽定四庫全書總目》，共十六冊，（臺北市：藝文印書館，出版日期不詳），冊八，頁 2395。

〔註6〕 〈佚文〉云：「《論衡》篇以十數，亦一言也，曰：『疾虛妄』。」

「詮輕重之言，立眞僞之平」（〈對作〉），「使俗務實誠」（同上），換言之，即是「考論虛實」（〈自紀〉）而力求「實誠」。而何謂「虛妄」？對王充而言，當時普遍流行與信仰「天生五穀以食人，生絲麻以衣人」（〈自然〉）的天道有爲，與「古之人君爲政失道，天用災異譴告之」（〈譴告〉）、「凡人能精誠感動天，專心一意，委務精神，精通於天，天爲變動」（〈感虛〉）等災異譴告與天人感應，就是虛妄。因此，《論衡》用了四分之一以上的篇幅「疾」天道有爲與天人感應的相關思想與迷信。〔註7〕

另外，在「內傷」方面，由於自身不順遂的遭遇與剛直的個性，讓王充無法苟同世俗「賢人可遇，不遇，亦自其咎也」（〈逢遇〉）的批評，因此特別關注「操行有常賢，仕宦無常遇」（同上）、「處尊居顯，未必賢」（同上）、「位卑在下，未必愚」（同上）的問題，進而主張「凡人偶遇及遭累害，皆由命也。有死生壽夭之命，亦有貴賤貧富之命。自王公逮庶人，聖賢及下愚，凡有首目之類、含血之屬，莫不有命」（〈命祿〉）。透過「莫不有命」的觀點，一方面，替自身坎坷的遭遇作說明，以抒發情感，這即是「內傷」；但另一方面亦是駁斥「不遇，亦自其咎也」（〈逢遇〉）之「外疾」，從根本上破除「行善者福至，爲惡者禍來，福禍之應皆天也，人爲之，天應之」（〈福虛〉）的天人感應命運觀，重新詮釋並質疑東漢儒者所言的三命說，並以「命自有吉凶」（〈命義〉）的命運論替代原有的命運觀〔註8〕。由此可見，王充命運論的

〔註7〕 馮友蘭云：「在《論衡》的八十四篇中，有二十多篇，直接針對當時官方哲學和社會上的一般迷信，展開激烈的鬥爭。在中國哲學史裡，以這樣大量的篇幅，對於神秘主義思想和宗教迷信，集中批判，除了《論衡》以外，還是很少見的。」見其所著，《中國哲學史新編》，冊三，頁297。

〔註8〕 《白虎通義》云：「命者，何謂也？人之壽也，天命以使生也。命有三科以記驗。有壽命以保度，有遭命以遇暴，有隨命以應行。壽者，上命也。……隨命者，隨行爲命……遭命者，逢世殘賤，若上逢亂君，下必災變暴至，天絕人命，沙鹿崩於受邑是也。」參見班固撰，《白虎通義》，收錄於《白虎通·風俗通》，（臺北市：黎明文化事業公司，出版日期不詳），〈壽命〉，頁8818～8819。〈命義〉云：「傳曰：『說命有三：一曰正命，二曰隨命，三曰遭命。』正命，謂本稟之自得吉。性然骨善，故不假操行以求福而吉自至，故曰正命。隨命者，戮力操行而吉福至，縱情施欲而凶禍到，故曰隨命。遭命者，行善得惡，非所冀望，逢遭於外，而得凶禍，故曰遭命。」王充對「隨命」與「遭命」的解釋與當時儒者的說法並沒有太大的差距，「隨命」是自己的行爲所招致的禍福，「遭命」是與自己行爲善惡完全無關的遭遇。但王充將儒者所言的天所授與的壽命之「正命」，理解爲不需藉由行善，則富貴福壽皆具備的好命，且他強烈質疑「隨命」與「遭命」並存，堅決反對「隨命」。〈命義〉云：「行

建構始於「內傷時命之坎坷」，但仍終於「外疾世俗之虛偽」，所以，不論是「內傷」或是「外疾」，「疾虛妄」是他為學的唯一原則，而破除「天人感應」及「天地故生人」、「天故生萬物」（〈物勢〉）的理論便是「疾虛妄」的首要任務。

因此，王充基於「天不能故生人」（同上）的立場，質疑「以為天生五穀以食人，生絲麻以衣人。此謂天為人作農夫、桑女之徒也，不合自然」（〈自然〉），從經驗上認識到「天地，含氣之自然也」（〈談天〉），天只是「玉石之類」（〈談天〉）無意志的物質實體，老子所言之自然、無為才是天的本性〔註9〕，所以「不故生五穀絲麻以衣食人」（〈自然〉），相反的，「天動不欲以生物，而物自生」（同上）、「施氣不欲為物，而物自為」（同上），萬事萬物的形成都只是在這種沒有目的、欲望與意識的天之下偶然且自然地生成〔註10〕。換言之，王充從「自然」的角度重新說明「天」，凸顯「天道無為，故春不為生，而夏不為長，秋不為成，冬不為藏。陰氣自出，物自生長；陽氣自起，物自成藏」（〈自然〉），且「天道當然，人事不能卻」（〈變動〉）的特性，反駁「天故生人」與「天人感應」之有目的、有意識的天，顛覆「故生」的觀念，以自然無為，及「人偶自生」（〈物勢〉）的觀念取而代之。

王充從「自然」出發，論說天的自然無為，萬物得以「自生」、「自為」〔註11〕，天不能言、不能為，亦不能知〔註12〕，所以「人不能以行感天，天亦不隨行而應人」（〈明雩〉），自然無為的天是人無法抗衡的，他就是順著這無法抗衡的自然去說「命」，以為「命，吉凶之主也，自然之道，適偶之數」

善得隨命之福，乃觸遭命之禍，何哉？言隨命則無遭命，言遭命則無隨命，儒者三命之說，竟何所定？」完全否定行為的善惡可招致禍福，肯定「命自有吉凶」（〈命義〉）。所以他也提出自己的「三命說」，〈命義〉云：「正命者至百而死；隨命者五十而死；遭命者初稟氣時遭凶惡也，謂妊娠之時遭得惡也，或遭雷雨之變，長大夭死。此謂三命。」

〔註9〕　除了〈譴告〉云：「夫天道，自然也，無為」、〈初稟〉亦云：「自然無為，天之道也」，王充在〈自然〉、〈寒溫〉、〈命祿〉、〈初稟〉、〈亂龍〉、〈須頌〉、〈商蟲〉各篇中，王充亦不斷重申「天道自然」、「天道無為」、「自然無為，天之道也」，天是自然無為的概念。

〔註10〕　〈物勢〉云：「偶自然也。」王充以為萬物的生成是偶然，而偶然亦是自然。在他的思想中，不乏將偶然與自然等同與混用的情況。

〔註11〕　〈自然〉云：「天動不欲以生物，而物自生，此則自然也。施氣不欲為物，而物自為，此則無為也。」

〔註12〕　〈自然〉云：「夫天無為，故不言……夫天地不能為，亦不能知也。」

（〈偶會〉），將自身的遭遇理所當然地歸咎於命運。簡言之，他不論是要「外疾」或「內傷」，都脫離不了「疾虛妄」的為學宗旨，而「自然」是「外疾世俗之虛偽」的利器，亦是「內傷時命之坎坷」之原因，更是其命運論的根據。

（二）老子為學宗旨與論「自然」之目的

寥寥五千言的《老子》並未如王充洋洋灑灑地明言自己的為學宗旨，但從其所言「執古之道，以御今之有。能知古始，是謂道紀」〔註13〕、「天下多忌諱，而民彌貧；民多利器，國家滋昏；人多伎巧，奇物滋起；法令滋彰，盜賊多有」（〈五十七章〉），可看出老子對歷史經驗的重視，與對現實社會的不滿。《漢書・藝文志》即云：「道家者流，蓋出於史官。歷記成敗、存亡、禍福、古今之道，然後知秉要執本，清虛以自守，卑弱以自持，此君人南面之術也。」〔註14〕明確地將老子之學，定位於取法古人治理國家的經驗之「君人南面之術」。由此可知，老子因對當時社會不滿，而欲「執古之道」以助人君「御今之有」，同時解決現實社會所衍生的種種問題。

老子針對當代所面臨的「天下無道」（〈四十六章〉）、在位者「朝甚除，田甚蕪，倉甚虛，服文采，帶利劍，厭飲食，財貨有餘，是謂盜夸」（〈五十三章〉）等問題首先發難，透過古今歷史教訓的反省，發現「大道廢，有仁義」（〈十八章〉），治人之道的出現源於「道」的喪失，而「失道而後德，失德而後仁，失仁而後義，失義而後禮。夫禮者，忠信之薄，而亂之首」（〈三十八章〉），社會的混亂亦源於治人之道的出現。為了匡正時代之弊，他徹底地反對「仁」、「義」、「禮」的制度，追本溯源地探索天道，認識「法自然」（〈二十五章〉）而「常無為」（〈三十七章〉）的天道，從而肯定與嚮往「天道」落實於社會，沒有任何人為制度干預與約束之自由自在的生活。對老子而言，「道」是萬物最高根源與依據，而「道法自然」，即是道遵循本身自然的法則，純任萬物本性以化育萬物，換言之，「道」與「自然」是本體與屬性的關係，「自然」內具於「道」，「道」即是「自然」，而「無為」乃是

〔註13〕樓宇烈校釋，《王弼集校釋・老子道德經注》，（臺北市：華正書局有限公司，民國81年12月初版），〈十四章〉，頁32。本文所引用《老子》的文字，皆根據此版本，只註明章數，不另加註。

〔註14〕楊家駱主編，班固撰，《漢書》，共七冊，（臺北市：鼎文書局，民國63年10月初版）。

道讓萬物順其自然之途徑，以體現「道」的最高價值—「自然」。爲了重建合乎天道與自然的社會秩序，老子進而期許人君亦能「法自然」〔註15〕，「以百姓心爲心」（〈四十九章〉），將「天道」具體落實於社會政治之中，以收「爲無爲，則無不治」（〈三章〉）之效。所以「無爲」正是老子匡正時代之弊急需的非人爲規範，「自然」則是他取代「仁」、「義」、「禮」等制度所揭櫫之新價值。

簡而言之，身處「天下無道」（〈四十六章〉）的老子深感「仁」、「義」、「禮」種種人爲的規範既違背天道，亦是禍亂的開端，「無爲」才是匡正時代之弊的良方。雖然「無爲」只是達到萬物自然狀態的途徑，「自然」方是事物存在與發展的最佳狀態，也是道之法則，萬物所要遵循與效法的基本原則，亦是人類生活與社會秩序最高之指導原則，及社會規範眞正的核心價值，但「自然」必由「無爲」顯，所以無爲即是自然。老子爲學以「君人南面之術」爲宗旨，「自然」則是他爲政治所提出的獨特見解，亦是匡正時代之弊的妙方。透過「自然」概念的提出，將自然之道與治道相結合，透過自然天道的反省，以「自然無爲」作爲君主治國與修身之依據。

（三）王充與老子爲學宗旨與論「自然」目的之比較

「自然」爲王充兼顧「內傷」與「外疾」之立論基礎。透過天的自然無爲，他得以闡明「人偶自生」、「物偶自生」之生命起源，有效外疾「天故生人」、「天故生物」與其相關之思想與迷信。此外，「自然」無法抗衡的特性，亦得以讓他能藉由命運「內傷」坎坷之遭遇，回應「賢人可遇，不遇，亦自其咎也」之批評，並終以「命自有吉凶」取代天人感應之命運觀，宣揚人生命運的眞相。但「疾虛妄」爲王充「內傷時命之坎坷」及「外疾世俗之虛僞」之共同宗旨，也因此，雖然「自然」之論能滿足王充「內傷」與「外疾」之需求，但同時須深入地探討與說明「自然」的根源與意義，才免於其「自然」之論淪爲「虛妄」之言。此外，他亦認爲「道家論自然，不知引物事以驗其行，故自然之說未見信也」（〈自然〉），所以，王充即以經驗知識出發，具體的分析與探究「自然」之根源，建立以「氣」爲基礎的「自然」理論，並藉此發展與運用「自然」豐富的意含。

而老子所關注的，則是與現實社會所緊密結合的「君人南面之術」，也就

〔註15〕〈二十五章〉云：「道大，天大，地大，王亦大。域中有四大，而王居其一焉。人法地，地法天，天法道，道法自然。」

是欲揭櫫指導人君匡正時代之弊所需的新價值與規範。因此，雖以天道的探索出發，但爲學眞正的歸宿在於闡明人事的道理，重視「法自然」或「輔自然」的工夫，即「處無爲之事，行不言之教」（〈二章〉）之「無爲」〔註16〕，且「自然」就是「道可道，非常道」之「道」，所以老子僅提及「自然」五次，並未積極地建構另一個以「自然」爲核心的思想體系，或大篇幅地深入闡明與強調「自然」一詞，並發展運用「自然」的不同意含。由王充與老子爲學宗旨與論「自然」目的之差異，即可判定二者思想發展脈絡和方向不同，二者談論的「自然」亦必有差異。

三、王充與老子「自然」根源之比較

（一）王充「自然」的根源：氣

王充雖反對「天人感應」，力辯「天道自然，自然無爲」（〈寒溫〉），但仍跳脫不出漢儒萬物受天的影響之思考模式，以爲「人生於天」（〈變動〉），因此，在論自然時，必然遭遇「人道有爲故行，天道無爲何行？」（〈說日〉）自然無爲的天，如何產生普及萬事萬物之影響？既然如此，「天道自然無爲」、「人偶自生」、「物偶自生」之論又如何成立等難題，所以，他根據當時天文學的成果，以單純的物質之「氣」解決這些問題。

首先，透過「天者，體也，與地同」（〈談天〉），是「含氣之自然」（同上）的經驗知識，肯定天是脫離人意識而存在的含物質氣之物質實體〔註17〕，從「天之動行也，施氣也，體動氣乃出，物乃生矣」（〈自然〉），自然不斷地運動施氣，萬物得以生成變化，陳述天與萬物的關係，肯定天透過「氣」間接地與萬物發生關係並產生影響。此外，針對「有欲故動，動則有爲」（〈自然〉），他亦充份「引物事」（同上），據「人之施氣也，非欲以生子，氣施而子自生」（同上）的現實經驗，肯定「天動不欲以生物，而物自生」（同上）、「施氣不欲爲物，而物自爲」（同上），從天的「不欲」，立論「天之行也，施氣自然，施氣則物自生，非故施氣以生物也」（〈說日〉），明言天是沒有意識、沒有目

〔註16〕《老子》全書共八十一章，其中有三十六章是針對以「道」或「自然」爲基礎之人生與政治問題。

〔註17〕氣從屬於體，氣是體所含的氣，而體既是物質的體，因此它所含的氣也是物質的氣。總之，氣與體同爲物質，其區分只在於有形與無形。參見侯外廬主編，《中國思想通史》，共五卷，（北京：人民出版社，1957年4月一版一刷），卷二，頁277。

的〔註18〕，地運動施氣，也不故意施氣以生萬物，駁斥「凡動行之類，皆本有爲。有欲故動，動則有爲。今天動行與人相似，安得無爲？」（〈自然〉）之質疑，肯定天的自然無爲。而除了天「非故施氣以生物」（〈說日〉）外，物質之氣亦是「恬淡無欲，無爲無事」（〈自然〉）〔註19〕，不受外在任何目的所支配，當「天覆於上，地偃於下，下氣烝上，上氣降下」（同上），則「陽氣自出」（同上）、「陰氣自起」（同上），最後「萬物自生其中」（同上），萬物的生成變化就是這樣自然而然地產生。而氣的「恬淡無欲，無爲無事」與萬物的自然生成，則是天雖施氣，但仍是自然無爲的另一項證明。〔註20〕

王充不僅用氣說明萬物的生成，更以之作爲事物差別的內在原因，以揭示生命的眞相。他認爲「俱稟元氣，或獨爲人，或爲禽獸。並爲人，或貴或賤，或貧或富。富或累金，貧或乞食；貴至封侯，賤至奴隸。非天稟施有左右也，人物受性有厚薄也」（〈幸偶〉），舉凡生命的貴賤、壽命的長短、際遇的吉凶等，皆因稟氣的厚薄〔註21〕，但氣之厚薄，完全是天自然施氣所造成的結果，根本無法掌握與預測，因此，他將這種由氣所造成的不可掌握之生命，歸因於「吉凶之主也，自然之道，適偶之數」（同上）的「命」，並以「命」說明與解釋人生所有不可預測的自然結果。

王充以「氣」爲立論「自然」境根源，除受重經驗知識的爲學方法影響，更深受所處時代之影響。在漢代，氣普遍被認爲是構成天地萬物的基本元素，亦是天與人相感應的重要橋樑，但他反對充滿濃厚神秘色彩之氣，因此吸收當時天文學的成果，重新認識與強調「天」與「氣」的物質特性，闡明「人生於天，含天之氣，以天爲主」（〈變動〉）的天人單向關係。總之，天自然無爲地施氣，所施之氣亦自然而然地有厚薄之分，萬物的生成與差異及人生際

〔註18〕 〈自然〉云：「何以知天之自然也？以天無口目也。案有爲者，口目之類也。口欲食而目欲視，有嗜欲於內，發之於外，口目求之，得以爲利，欲之爲也。今無口目之欲，於物無所求索，夫何爲乎？」王充亦以天之「無口目」，論證天之自然無爲。

〔註19〕 王充以天無口目，是無口目之欲的無質之天來論說天的自然無爲，同樣的，他認爲「案有爲者，口目之類也」、「氣若雲煙。雲煙之屬，安得口目。」（〈自然〉），氣沒有口目，亦沒有口目之欲，只是物質的氣，所以氣亦只是「恬淡無欲，無爲無事者也」。

〔註20〕 〈自然〉云：「天自然無爲者何？氣也，恬淡無欲，無爲無事者也。」

〔註21〕 〈無形〉云：「人稟元氣於天，各受壽夭之命。」〈命義〉云：「凡人受命，在父母施氣之時，以得吉凶矣。」「人稟氣而生，含氣而長，得貴則貴，得賤則賤。」

遇的不同，也自然地產生。萬事萬物一切自然而然的現象，都是「恬淡無欲，無爲無事」之「氣」所造成的。〔註22〕

（二）老子「自然」的根源：道

老子之學所以稱之爲「道家」，在於老子於保持內心的平靜、不受情感欲望影響的情況下，觀察到萬物的運動與變化過程是「常」，這種內在的不變規律〔註23〕，在天地形成前，就已獨立長存、生生不息，因爲不知此混然之體爲何物，所以勉強稱之爲「道」〔註24〕。「道」雖是「視之不見」、「聽之不聞」、「搏之不得」的「無狀之狀，無物之象」（〈十四章〉），但廣大無邊且無所不在地落實與內在具體事物之中〔註25〕，所以是「萬物之宗」（〈四章〉），「可以爲天下母」（〈二十五章〉），萬物的生成變化就在「道生一，一生二，二生三，三生萬物」（〈四十二章〉）的創生過程中產生，萬物的「歸根」、「復命」，就是道「常」的表現。道是自然規律，萬物的生成變化就是「常道」的表現。

透過萬物永恆不變規律的觀察，老子追溯萬物之宗與內在於萬物的永恆規律就是「道」，它是一種得以讓萬物不斷運動的無限永恆存在，雖內在且與萬物混然一體，因「法自然」（〈二十五章〉），而能「生而不有，爲而不恃，長而不宰」（〈十章〉），得以讓萬物據其不可取代的獨特本性與潛能自由發展。但道之上並沒有一個所謂的「自然」可以被它所取法，所以「道」就是「自然」，在創生、蓄養萬物的過程中，只是遵循自己自然的原則，完全地順任萬物自我化育。因此，不論是萬物的創生或是「歸根」、「復命」，都是萬物「自己如此」地純任自己的本性自由生成變化的過程，所以道雖「不有」、「不恃」、「不宰」，卻能「無爲而無不爲」（〈三十七章〉）。

此外，他認爲，人類社會的運行法則與自然法則相同，「道」不僅是宇宙萬物的根源及規律，更是社會與人生的最高指導原則〔註26〕，唯有認識常道

〔註22〕舉凡王充的自然觀、命運觀、形神觀、歷史觀等，「氣」是其立論的基礎。「氣」可說是其學的根源。

〔註23〕〈十六章〉云：「致虛極，守靜篤。萬物並作，吾以觀其復。夫物云云，各復歸其根。歸根曰靜，靜曰復命。復命曰常。」

〔註24〕〈二十五章〉：「有物混成，先天地生。寂兮寥兮，獨立而不改，周行而不殆，可以爲天下母。吾不知其名，強字之曰道。」

〔註25〕〈三十四章〉云：「大道氾兮，其可左右。萬物恃之以生而不辭。」

〔註26〕〈五章〉云「天地不仁，以萬物爲芻狗，聖人不仁，以百姓爲芻狗。」說明

且體道而行者，才能免於危殆〔註 27〕，但「爲學日益，爲道日損」（〈四十八章〉），眞正取法自然無爲之道〔註 28〕，才能掌握「常道」。也因此，老子亦言「道常無爲而無不爲，侯王若能守之，萬物將自化」（〈三十七章〉），勸勉人君以「道」的自然狀態爲治國與修身所學習的主要對象，以達到「無爲而無不爲」（〈三十七章〉）的境地。

總之，老子以「道」反省自然、社會與人生問題，「道」是常道、天之道、聖人之道，是萬物之根源、自然之規律，更是人生、社會政治之指引。

（三）王充與老子「自然」根源之比較

王充雖然反對天人感應，但並不否認天與人的關係，因此，結合「天道自然無爲」之觀點與當時天文學之經驗成果，對天人感應中天與人的重要橋樑—「氣」加以修正，一方面肯定「體動氣乃出，物乃生矣」（〈自然〉），天透過氣對萬物造成影響的「天—氣—萬物」關係，以天的「不欲之動」及「不欲施氣」之自然無爲，與萬物自然生命形成的單向關係，切斷天人感應中天人的雙向關係，駁斥天人互感；另一方面，亦以「氣」爲生命的起源、事物差別的內在原因及人與自然萬物共稟之天性〔註 29〕，肯定「天人同道」（〈譴告〉），藉人的生命與存在爲自然的一部份，「推夫婦之道以論天地之性」（〈自然〉），借人事以明天道，以「人施氣也，非欲以生子，氣施而子自生」（〈變動〉）的經驗事實，具體論證「天地合氣，萬物自生，猶夫婦合氣，子自生矣」（〈自然〉）的氣自然論。

「道」則是老學的最高範疇，根據自己「自然」的法則創生萬物，自己即是「自然」。人是自然萬物的一分子，人與萬物的本質並無二致，不另外需

了老子把人視爲萬物的一分子，也因此，人道與天道便沒有不同，應以「道」或「自然」爲準則。

〔註 27〕 〈十六章〉云：「知常曰明。不知常，妄作凶。知常容，容改乃公，公乃全，全乃天，天乃道，道乃久，沒身不殆。」、〈二十一章〉云：「孔德之容，惟道是從。」〈五十二章〉云：「天下有始，以爲天下母。既得其母，以知其子；既知其子，復守其母，沒身不殆。」

〔註 28〕 〈四十八章〉云：「爲學日益，爲道日損，損之又損，以至於無爲。無爲而無不爲。」老子所言的「無欲」、「無名」、「無知」、「無事」、「無物」、「好靜」、「不爭」、「守柔」、「謙退」等都是「無爲」的具體內容與方法。

〔註 29〕 王充認爲天是「含氣之自然」（〈談天〉），且「天者，普施氣萬物之中」（〈自然〉）、「萬物自生，皆稟元氣」（〈言毒〉），所以對他而言，「氣」是人與自然萬物共稟之天性。

要「仁」、「義」、「禮」等人為制度，所以老子以天道明人事，以道觀物，以自然評判一切，亦即是以「自然」為社會與人生的最高原則，以「道」為政治與生活的準則，期望社會的種種問題，終能因人君對自然天道的體悟與效法，確實作到「無為」，而獲得全面的解決。

由此可見，王充雖肯定與援用老子「自然無為」的概念，但老子以形而上「無狀之狀，無物之象」（〈十四章〉）之「道」為「自然」之根源，「道」是純任萬物之本性以化育，是借天道以明人事。相反的，王充論「自然」與「無為」則是不離形而下的「氣」〔註30〕，萬物是順「氣」以發展，且總是「引物事」以論自然，是借人事以明天道。二者論自然之根源與方法不相同，亦造成二者之「自然」同中有異，異中有同。

四、王充與老子「自然」的涵義與作用之比較

「自然」一詞最早出現於《老子》，王充即坦言自然的概念是繼承老子而來。以下便藉由辨析王充與老子所言「自然」的涵義與作用，釐清王充與老子所言「自然」之異同。

（一）王充「自然」的涵義與作用

王充反對「天故生人」與「天人感應」之天道有為，力主「天道自然」（〈寒溫〉）。而他論「自然」，總不離「自然無為」之天與「恬淡無欲，無為無事」（〈自然〉）之氣，並扣緊天與氣的特性，論述與發展「自然」之不同意含。他所言之「自然」包括以下的涵義：

1.自因與自發

「萬物之生，俱得一氣」（〈齊世〉），「氣」是事物與現象產生之原因與動力。雖然「氣」的產生與天的運動密不可分，但「天道自然」（〈寒溫〉），物質實體之天是「施氣自然」（〈說日〉），自發不斷地施氣，且「氣自變」、「氣自為」（〈自然〉），氣的發展及所造成的結果都是自己而然，不受任何原因與條件所影響，換言之，氣的運動與變化是自因，也是自發，萬事萬物的形成，是天與氣自因與自發之現象。由此可見，王充所言之自然，是「天道，自然」（〈譴告〉）與「氣自然」（〈說日〉）之「自因」與「自發」的自然，沒有其他

〔註30〕〈自然〉云：「至德純渥之人，稟天氣多，故則能天，自然無為。稟氣薄少，不遵道德，不似天地，故曰不肖。不肖者，不似也。不似天地，不類聖賢，故有為也。」

原因和條件的自己而然之現象。

2. 自生：自然而然產生或生成

從天道與氣的觀點而論，「自然」是「自因」、「自發」，但從萬物被創生的角度而言，「自然」亦是自發現象所自然而然造成的萬物生成結果，即萬物的「自生」，所以「自生」亦是「自然」的不同表述。王充即明言「天動不欲以生物，而物自生，此則自然也」（同上），據「不欲而生」與「物自生」定義「自然」。然而，萬物之「自生」，並沒有脫離「天」與「氣」的作用，是天與氣「不欲」之「自然」表現，也因此，「自生」並非自發、自因，而是自然而然產生或生成，「物自生」為天道「不欲以生物」之表現。

3. 無為：無目的之為，無為而無不為

自然天道「不欲以生物」，萬物得以自生，且天道「施氣不欲為物」，萬物得以「自為」，所以王充亦言「施氣不欲為物，而物自為，此則無為也」（〈自然〉），據「不欲為物」定義「無為」，肯定天道「不欲」無目的之為所造成的普遍自然結果，萬物的「自生」、「自為」、「自化」、「自成」，亦可說是天道無為而無不為之成果。也因此，王充即言「天道自然，自然無為」（〈寒溫〉），一方面，從天道的自然，肯定「無為」，將「自然」與「無為」劃上等號，另一方面，亦從萬物「不欲而生」、「不為而成」之「自生」、「自為」、「自化」、「自成」，肯定自然「無為而無不為」之效用。

4. 必 然

「天之行也，施氣自然，施氣則物自生……天不動，氣不施，氣不施，物不生」（〈說日〉），天動自然施氣以生萬物，萬物的生成變化，即證明施氣為「天道當然」（〈變虛〉），天「施氣必然」，可見王充所言之「自然」亦有「必然」之義。

此外，他亦認為「命，吉凶之主也，自然之道」（〈偶會〉），氣的厚薄不同所自然產生的命運，決定了人生的種種遭遇，且「凡有首目之類、含血之屬，莫不有命」（〈命祿〉），人必然受命運的宰制。從命運自己而然，並沒有任何目的而言，命運是自然的，但從人必然地受命運擺佈而論，「命」卻又是「必然」，是一種「自然的必然之命」﹝註31﹞。換言之，命對萬物有必然的決

﹝註31﹞徐敏著，《王充哲學思想探索》，（北京：生活・讀書・新知三聯書店，1979年8月一版一刷），頁150。

定性，自然之命亦是「必然」，故從王充的命運論角度而言，「自然」亦是「必然」。

5. 自然界的存在、自然規律、自然現象

王充所言的「自然」，是無目的爲之的「無爲」，及因之自然而然地產生之「自生」，亦是一種「必然」的現象，也因此，他取「自然」的名詞義，將具有以上這些性質者，如無目的、無意識的物質實體「天」、「地」及物質的「自然之氣」（〈感類〉），「日朝出而暮入，非求之也，天道自然」（〈命祿〉）、「春觀萬物之生，秋觀其成，天地爲之乎？物自然」（〈自然〉）、「春溫夏暑，秋涼多寒……四時自然」（〈寒溫〉）的必然規律與現象，稱之爲「自然」，概括自然界的存在物、規律與現象。

6. 偶　　然

針對「天故生人」之「故」，王充提出沒有任何目的之「偶」，以「人偶自生」（〈物勢〉）、「物偶自生」（同上），反駁「天故生人」有目的之因果關係，從「偶然」之無目的，立論「氣體偶合，自然之道」（〈說日〉）、「偶適自然，非或使之」（〈初稟〉）、「偶適自然」（〈寒溫〉）之自然，以強調自然無爲所造成的非特定與不可預期的結果。

此外，「才高行厚，未必保其必富貴；智寡德薄，未可信其必貧賤」（〈命祿〉）、「處尊居顯，未必賢」（〈逢遇〉）、「位卑在下，未必愚」（同上）的事實經驗，亦讓王充確信行爲與遭遇，並沒有必然的因果關聯，不論是人生的遭遇或是複雜的社會現象，都只是一系列個別條件所造成的個別現象。由於事件彼此間並沒有必然的因果關係，所以人生的際遇與社會現象，亦可說是一系列偶然現象的隨機組合，也因此，他認爲「外若相應，其實偶然」（〈寒溫〉），兩件先後發生的事物，接連發生，只是純粹「偶然」〔註32〕。爲了否定漢人深信目的論之虛妄因果關係，王充力揭事物因果關係背後的「偶然」眞相。

〔註32〕王充在面對「至誠悲痛，精氣動城，故城之爲崩」（〈感虛〉）、「行事至誠，鄒衍之呼天而霜降，杞梁妻哭而城崩」（〈變動〉）的迷信時，運用了當時的科學知識、生活經驗與邏輯推理，仍找不到彼此間的合理因果關係，故斷言這些迷信皆肇因於時人以爲人事與天象之間，有種天人感應的必然關係，而誤認爲偶然巧合的兩件事彼此間有必然的因果關係，是以他辯駁「鄒衍之呼天而霜降，杞梁妻哭而城崩」（同上）如果是事實，那只是偶然巧合地同時發生。

7. 自然之性：本性、本質

〈自然〉云：「天道無爲，聽恣其性。故放魚於川，縱獸於山，從其性命之欲也」，萬物的本性與潛能皆得以表現。但萬物「用氣爲性」（〈無形〉），「氣性自然」（〈累害〉）且「氣不改更」（〈齊世〉），自然之性無法透過任何外力改變，萬物皆必需順著所稟之「善惡有質」（〈本性〉）之本性，或「火不苦熱，水不痛寒」（〈累害〉）之本質發展，也因此，「馳走不能飛升，飛升不能馳走」（〈道虛〉）。換言之，萬物雖「稟自然之性」（〈道虛〉），但生成與發展仍逃脫不了本性之限制，萬物「自然之性」，亦只是天與氣自然的一種表現。

綜合以上所論，可以看出王充論「自然」，不離「天」與「氣」「不欲生物」、「不欲爲物」及其所導致的「物自生」、「物自爲」結果，扣緊與強調天道的「自己而然」與「無爲」，以反對「天故生人」的目的性，破除天人感應。

（二）老子「自然」的涵義與作用

《老子》全書八十一章，「自然」共出現五次，皆有「自然而然」、「自己如此」之義，但〈二十五章〉與〈五十一章〉是自然的積極義，用以說明自然之道的形而上意義與價值，即「道」、「自然」與萬物之間的關係，另一方面，〈十七章〉、〈二十三章〉及〈六十四章〉是自然的消極義，用以說明人君如何將自然之道落實於現實社會。以下即以積極義與消極義，分別探討老子「自然」的意義和作用。

1.「自然」的積極義

《老子》〈二十五章〉云：「有物混成，先天地生。寂兮寥兮，獨立不改，周行而不殆，可以爲天下母。吾不知其名，強字曰道，強爲之名曰大。大曰逝，逝曰遠，遠曰反。故道大，天大，人亦大。域中有四大，而人居其一焉。人法地，地法天，天法道，道法自然。」明言「先天地生」的「道」才是萬物的根源、最高的主宰，不論「人」、「地」、「天」都要效法這個「道」，而「道」亦要效法「自然」。但這裏所言的「自然」，並不是一個與「道」、「天」或「地」同樣是具體存在的實體，它不是自然界，而是「道」的法則與狀態。換言之，「道」是以自己的狀態爲法則，「道」的狀態即是「自然」，「自然」就是「道」，「道法自然」就是「道不違自然，乃得其性」〔註33〕之

〔註33〕樓宇烈校釋，《王弼集校釋》，（臺北市：華正書局有限公司，民國81年12月

自己「自然而然」的表現，且「道」對待萬物也是遵循此自然的法則「不塞其原，不禁其性」〔註34〕，所以萬物「法道」就是「法自然」，如此則能「自由自在、自己如此，無所依靠」〔註35〕，保持本身獨特而不可取代的存在本然狀態。

在〈五十一章〉中，他更進一步說明萬物形成發展的過程是「道生之，德畜之，物形之，勢成之」，「道」生成萬物後分化為「德」，作為萬物的本性，萬物依其本性及所處的環境呈現各自的型態，而發展為個別不同的獨特存在。萬物的生長離不開「道」與「德」的作用，所以「萬物莫不尊道而貴德」（同上），而萬物的生化是因「道」「生而不有，為而不恃，長而不宰」（同上），完全不干涉地順任各物我化育的「莫之命而常自然」（同上）之自然過程〔註36〕，這也就是「道」崇高的地位與價值所在。

在這兩章中，老子透過「道法自然」說明「自然」與「道」的關係，「自然」就是「道」自然而然地「長之、育之、亭之、毒之、養之、覆之」（同上）順任萬物「自己如此」之本性與表現。不論從「道」的順任、不干涉或是萬物的自己如此、自我化育來看，「自然」都是主動且開放的，而這即是「自然」的積極涵義。

2.「自然」的消極義

〈十七章〉、〈二十三章〉及〈六十四章〉也出現「自然」，但這三章中的重點在於闡述達到萬物自然狀態之途徑的「無為」，以闡釋「自然」蘊含反對任何干擾他者「任其自然如此」之自我約束與限制。

〈二十五章〉言「域中有四大，而人居其一焉。人法地，地法天，天法道，道法自然」，明確區分宇宙萬物的等級秩序，曉諭人類雖占有一席之地，卻要先通過效法地，才能效法天，通過效法天，才能效法道，以合「自然」

初版），頁 65。

〔註34〕同上。頁 24。

〔註35〕牟宗三云：「道家所說的『自然』，不是我們現在所謂自然世界的自然，也不是西方所說的自然主義 Naturalism。道家的自然是精神生活上的觀念，就是自由自在、自己如此，無所依靠。」見其所著，《中國哲學十九講》，（臺北市：臺灣學生書局，1983 年），頁 90。

〔註36〕〈五十一章〉云：「道之尊，德之貴，夫莫之命而常自然。」《老子道德經河上公章句》云：「道一不命召萬物，而常自然應之如影響。」參見王卡點校，《老子道德經河上公章句》，（北京：中華書局，1993 年 8 月一版一刷），頁196。

之道。在〈二十三章〉中，老子即認爲「飄風不終朝，驟雨不終日。孰爲此者？天地。天地尙不能久，而況於人乎」，以「飄風」、「驟雨」比喻嚴刑峻法號令天下的高壓政治，「飄風」、「驟雨」不能長久，高壓政治亦不可能，反而是愼言、不輕易隨便施加政令，才符合「自然」之道。

　　換言之，老子認爲「聖人欲不欲，不貴難得之貨，學不學，復眾人之所以過，以輔萬物之自然而不敢爲」(〈六十四章〉)，人君必需自我約束與限制，透過「不欲」、「好靜」、「無事」、「無欲」、「無執」、「不爭」、「不敢爲」等等謙讓或是守柔之「無爲」，除了少作與不妄作，更讓百姓「自賓」、「自均」、「自化」、「自正」，充分自由地發展本性。對統治者而言，「自然」意味「順百性之自然」，爲了讓「百姓皆謂我自然」(〈十七章〉)所作的自我約束與壓抑，這是「自然」的消極意義，亦是「道常無爲而無不爲」〔註37〕具體落實社會的表現。

　　總之，《老子》所言之「自然」皆有「自然而然」或「自己如此」之義，但具有積極和消極的意含。「自然」的積極義是「道」的順任、不干涉或是萬物的自己如此、自我化育；「自然」的消極義所代表的，則是爲了萬物的自我化育，而效法「道」之自然順任所作的自我限制與約束。

3. 王充與老子「自然」的涵義與作用之比較

　　從上述的分析，可以看出老子以自己的自然而然及他者的自己如此，區分出自然的積極與消極義，肯定爲了他者的自我化育，效法自然之道，作到自我限制與約束之「無爲」，具體地將天道與人道合而爲一。而王充爲了破除天人感應迷信與思想，則不離天與氣說「自然」，一方面，「自然」是「氣」與「天」的法則與狀態，且這樣的法則與狀態是自因與自發，是天與氣的本質，所以天與氣是「法自然」，就是據自己的狀態爲法則，自己本身就是「自然」〔註38〕。這樣的說法，頗有老子「法自然」的意味，只不過，老子所言「法自然」之「自然」，是「無狀之狀，無物之象」(〈十四章〉)的形而上之「道」，王充所言，則是具體的物質實體之天與物質之氣，也因此，王充能以「自然」，概括所有肇始於天與氣自然作用之存在、規律與現象。

　　另一方面，王充雖順著天與氣「不欲而爲」說「無爲」，立論萬物之「自

〔註37〕「無爲」意味在位者的自我限制不妄爲，「無不爲」意味百姓之「自賓」、「自均」之「自然」表現。

〔註38〕〈寒溫〉即云：「天地之性，自然之道。」

生」，但不離「氣」的「自生」，並非老子「自由自在、自己如此、無所依靠」的「自然」，反之，天與氣對萬物的生成變化有必然的決定性，不論是萬物的「自然之性」，或是「自為」、「自化」、「自成」之表現，皆只能說是天與氣作用於萬物的表現。所以，王充雖以「物自生」立論「無為」之「自然」，以萬物的「自為」、「自化」、「自成」肯定老子「無為而無不為」之效，但仍由天與氣對萬物有必然與普遍之決定性，肯定「自然」之「必然」義，此外，為了凸顯「非故生人」的非目的性，他亦以「偶然」代替「自然」，強調自然的不可預知及生命的不可掌握，可見，對王充而言，只有氣與天才能「自己而然」，萬物只是自然且偶然所形成之結果，也因此，萬物並無法效法自然之道，真正作到自由自在、自己如此、無所依靠。

王充所言與老子之「自然」，可說是同中有異，異中有同，是以他不僅吸收老子「自然」的概念，亦轉接老子「自然」之義涵，以符合其為學立論之要求。

五、王充對老子之吸收與轉接

王充與老子分別以「疾虛妄」及「君人南面之術」為其學的宗旨，這即是意味著兩者思想體系發展的著眼處完全不同。然而他在闡述「自然」時，仍以「從道不隨事，雖違儒家之說，合黃老之義」（〈自然〉）自居，可知老子言說之「自然」，必有符合王充「疾虛妄」所需之元素，所以自覺地加以吸收，但也因為兩者為學宗旨及基礎根源大相逕庭，是以必需對老子的「自然」提出修正、加以轉接，以符合自身為學的目的與思想體系的發展。

王充「疾虛妄」的首要任務，無非是要徹底破除「天故生人」的迷思，除了從天文知識與現實經驗的角度，重新詮釋「不能故生人」（〈物勢〉）之無意識、目的「天」之外，老子所強調的自然天道，亦正是他立論所不可或缺的元素，因此，他自覺地吸收與承接老子天道無欲且自然無為的立場，明言「自然無為，天之道」（〈初稟〉），從「不欲」、「無為」的觀點出發，立論萬物「自生」、「自為」、「自起」、「自藏」、「自化」、「自成」之自然表現，具體地承繼老子「自己如此」、「自然而然」之「自然」，以天與氣自發而「自生」的自然表現取代「故生」。

從王充肯定「自己如此」、「自然而然」，且具體地引用老子「無為」論說「自然」，即可肯定王充「自然」與老子之承繼關係。但老子之學側重「君人

南面之術」，強調人君自我約束與限制，排除干擾「自然」之障礙，以「輔萬物之自然」，支持與協助百姓「自賓」、「自均」、「自化」、「自正」、「自樸」、「自富」。換言之，老子較重視將自然之道落實於治道之「自然」消極義，所以肯定「自然」必由「無為」顯，而在要求「輔萬物之自然而不敢為」（〈六十四章〉）的同時，亦正面肯定人有「輔自然」之能力與義務。

反觀王充，採用「氣」為萬物生化及事物差別的必然決定因素，由自因與自發之天動與施氣出發，立論「陽氣自出」（〈自然〉）、「陰氣自起」（同上）而「萬物自生其中」（同上）的「自然」，且為了完全切斷天人感應之間的因果關係，更加入「偶然」的概念，將生命的起源，善惡、貴賤的差別，完全歸為氣的自發偶然結果，此外，雖云「無為」，卻仍以為「至德純渥之人，稟天氣多，故能則天，自然無為。……黃老之操，身中恬淡，其治無為」（同上），只有諸如黃帝、老子稟厚實之氣之人，才能真正作到「無心於為而物自化，無意於生而物自成」（同上）之「無為」，完全不離「氣」以論「無為」，可見，透過「氣」，王充固能徹底駁斥「天故生人」的理論基礎，但將萬事萬物都解釋為是「氣」「自起」的物「偶自生」，過份強調「氣」的作用，看重老子「自然」的積極義，且進一步肯定「自然」的必然性，反而忽略了老子對人道有為之關注所看重的「輔萬物之自然而不敢為」之「無為之為」，所以王充雖然亦認為「然雖自然，亦需有為輔助」（〈自然〉），且肯定「無為」能收「物自化」、「物自成」之效，但其所言之「無為」，卻必由氣與天的「自然」而顯，人的力量完全被過度強調的天與氣之自然作用掩蓋，終未能如老子般全面肯定人的能力。但其所言天與氣「自因」、「自發」的「自然」意涵，則意味著形而下的物質體，能完全跳脫「道」或任何形而上元素的創生與支配，自由地自己發展，這是王充談論「自然」的創舉，亦是對老子積極自然義的徹底轉接。

此外，王充所言的「自然」亦蘊含「本性」、「本質」之義。「天道無為，聽恣其性」（〈自然〉），萬物「稟天性而自然」（〈知實〉），因天道的自然無為，萬物能據稟受的本性自然發展。這樣的立場，看似與老子所謂「生而不有」、「為而不恃」，萬物能依本性不受干擾地自我化育之立場相似，但也因王充以「氣」為「自然」的根源，而有所不同。對他而言，萬物的本性及發展的命運，完全受「氣」的支配，而且「氣」在任何時候都不會因任何因素改變，當氣施，性便定，萬物只能被動地依照「氣」所規定的性與命運來發展，所

以王充的「稟天性而自然」，並非完全是一種純任自我化育的自由開放過程，萬物的發展根本無法逃脫氣性與命運的限制，這樣的「自然」，亦並非完全體現老子積極「自然」的眞諦。換言之，雖然王充企圖以天道無爲與氣的作用，否定天人感應中那股超自然的神秘力量，但在過份強調「自己如此」、「自然而然」的同時，賦予了「氣」與「自然」無法抗衡的神秘力量，致使他肯定了自然的必然性，亦藉此肯定了命運在生命中的決定力量，增添了「自然」無可奈何的色彩。如此一來，「自然」是「偶然」又是「必然」，亦兼具本質、本性義，這是老子所未論及的，卻是王充以「氣」論「自然」的特色，及其兼顧「內傷」及「外疾」所必需作出的吸收與修正。

六、結　論

在〈自然〉中，王充以天道「自然無爲」立論，並具體地以老子之名，引《老子》之言〔註39〕，可見，王充論證「自然」，確實是「試依道家論之」，自覺地承繼老子「自然」的概念。但爲了因應本身爲學的宗旨與目的，王充以「氣」爲根源之「自然」，一方面是無法透過任何自我約束與限制，排除干擾「自然」障礙，「輔萬物之自然」，以落實天道於社會政治的「自然」，另一方面，是肇始萬物自然生成之「偶然」又「必然」的力量，是萬物本性、自然存在、規律與現象之總稱，更是「自因」、「自發」的同義詞，這樣的「自然」，早已喪失老子「自然」之義。

雖然如此，由於時代條件的變化，老子之學亦被加入新的時代元素，而呈現出不同的面貌與特徵。以「氣」爲中心之黃老自然思想，即是兩漢道家思想之主流，不論是漢代第一部全面詮釋《老子》之《老子道德經河上公章

〔註39〕王充在〈自然〉中所提到的「然雖輔自然，亦需有爲輔助」、「無爲之爲大矣。本不求功，故其功立：本不求名，故其名成」、「夫百姓，於歠之類也，上德治之，若烹小鮮」、「『禮者，忠信之薄，亂之首也』」，與《老子》「輔萬物之自然」（〈六十四章〉）、「萬物恃之而生而不辭，功成不名有，衣養萬物而不爲主……萬物歸焉而不爲主，可名爲大」（〈三十四章〉）、「治大國若烹小鮮」（〈六十章〉）、「失道而後德，失德而後仁，失仁而後義，失義而後禮」（〈三十八章〉）之言如出一徹。此外，王充亦言：「天自然無爲者何？氣也，恬淡無欲，無爲無事者也，老聃得以壽矣。老聃稟之於天，使天無此氣，老聃安所稟受此性！」、「黃者，黃帝也：老者，老子也。黃老之操，身中恬淡，其治無爲，正身共己而陰陽自和，無心於爲而物自化，無意於生而物自成」，以老子爲「自然」之例證。

句》，或最能代表漢代道家思想的《淮南子》〔註40〕，皆以「氣」說明萬物自
然的生成〔註41〕，建立天道與人道之關係，肯定老子依循自然天道治國之主
張，但也因為要落實天道於社會政治，以天道自然無為為政治之依歸〔註42〕，
而發展出「天人相通」〔註43〕與「精誠感於內，形氣動於天」〔註44〕之天人
感應思想雛型，董仲舒即據此作為其經世致用之學的思想基礎，全面發展天
人感應與災異譴告之說〔註45〕。而這天道有為之相關思想與所衍生的種種迷

〔註40〕 勞思光即認為「《淮南》一書……代表漢人心目中之『道家』者，則是最適當
之文件。」見其所著《新編中國哲學史》，共三冊，（臺北市：三民書局股份
有限公司，1993 年 8 月增訂七版），冊二，頁 114。

〔註41〕 《老子道德經河上公章句》〈一章注〉云：「天地含氣，生萬物」、〈二十一章
注〉云：「言道稟與，萬物始生，從道受氣」、「今萬物皆得道精氣而生」，頁 2、
87。《淮南子》〈原道〉云：「道者，一立而萬物生矣。」、〈天文〉云：「道始
於虛霩，虛霩生宇宙，宇宙生氣。氣有涯垠，清陽者薄靡而為天，重濁者凝
滯而為地。……天地之襲精為陰陽，陰陽之專精為四時，四時之散精為萬物」
亦云：「道曰規，始於一，一而不生，故分為陰陽，陰陽合和，而萬物生。故
曰：一生二，二生三，三生萬物。」〈本經〉：「天地之合和，陰陽之陶化萬物，
自乘一氣者也。」皆以「氣」解「道」，以「氣」闡明萬物之生成。參見劉安
等著，許匡一譯注，《淮南子》，共二冊，（臺北市：臺灣古籍出版有限公司，
2000 年 6 月初版一刷），頁 34、118、119、179、469。

〔註42〕 《老子道德經河上公章句》〈五十一章注〉云：「道之於萬物，非但生之而已，
乃復長養、成熟、覆育，全其性命。人君治國治身，亦當如是。」參見《老
子道德經河上公章句》，頁 197。《淮南子》〈原道〉言：「天下之事不可為也，
因其自然而推之。」兩者皆明言依「道」及「自然無為」治國之理。參見《淮
南子》，頁 11。

〔註43〕 《老子道德經河上公章句》〈四十七章注〉云：「天道與人道同，天人相通，
精氣相貫。人君清靜，天氣自正。人君多欲，天氣煩濁。吉凶利害，皆由於
己。」據「精氣相貫」，將人君的行為、道德及操守與自然天道相連結。也因
此他主張「治身者愛氣則身全，治國者愛民則國安。治身者呼吸精氣，無令
耳聞；治國者布施惠德，無令下知」（〈十章注〉），「人能以氣為根，以精為蒂，
如樹根不深則拔，蒂不堅則落。言當深藏其氣，固守其精，無使漏世」（〈五
十九章注〉），治身治國之論。參見《老子道德經河上公章句》，頁 184、35、
231、323。

〔註44〕 《淮南子》〈泰族〉。此外，〈泰族〉亦云：「天之與人，有以相通也。」、〈本
經〉云：「天地宇宙，一人之身也；六合之內，一人之制也。」萬物皆稟氣而
生，所以「萬殊為一」（〈本經〉），皆為一類，而可「同類相應」，此外，亦肯
定天人相副、天人一同，據之肯定天人相感，天會影響人，人亦可感天。參
見《淮南子》，頁 1377、469、470。

〔註45〕 《春秋繁露》〈同類相動〉云：「天有陰陽，人亦有陰陽，天地之陰氣起，而
人之陰氣應之而起。人之陰氣起，而天之陰氣亦宜應之而起，其道一也。」
賴炎元注譯，《春秋繁露今注今譯》（臺北市：台灣商務印書館股份有限公司，

信則爲王充「疾虛妄」之首要目標，是以他以「氣」言「自然」，如實反應以「氣」詮釋天道自然之老學時代特徵，但也更進一步地運用天文成果所發現的「氣」之物質特性，徹底切斷天與人互感的雙向關係，達到「疾虛妄」目的，也因此，王充的「自然」雖並未合老子之義，但因其「自然」呈現出漢代老學的新面貌，即黃老道家之特徵，因此他終以「合黃老之義」（〈自然〉）闡釋其「自然」概念。

1996 年 12 月初版四刷），頁 331。《漢書・董仲舒傳》記載其對策云：「臣謹案《春秋》之中，視前世已行之事，以關天人相與之際，甚可畏也。國家將有失敗之道，而天乃先出災害以譴告之；不知自省，又出怪異以警懼之；尚不知變，而傷敗乃至。」